跟孩子好好说话

正面对话青春期·男孩篇

项恒鹏　胡春景◎著

辽宁人民出版社

© 项恒鹏　胡春景　2024

图书在版编目（CIP）数据

跟孩子好好说话：正面对话青春期．男孩篇 / 项恒
鹏，胡春景著 . — 沈阳：辽宁人民出版社，2024.4
　ISBN 978-7-205-11070-3

　Ⅰ . ①跟… Ⅱ . ①项… ②胡… Ⅲ . ①男性—青春期
—家庭教育 Ⅳ . ① G782

中国国家版本馆 CIP 数据核字（2024）第 061276 号

出版发行：辽宁人民出版社
　　　　地址：沈阳市和平区十一纬路 25 号　邮编：110003
　　　　电话：024-23284321（邮　购）　024-23284324（发行部）
印　　刷：河北万卷印刷有限公司
幅面尺寸：165mm×235mm
印　　张：10.25
字　　数：125 千字
出版时间：2024 年 4 月第 1 版
印刷时间：2024 年 4 月第 1 次印刷
责任编辑：高　丹　李　曼
封面设计：李彦伟
版式设计：优盛文化
责任校对：耿　珺
书　　号：ISBN 978-7-205-11070-3
定　　价：58.00 元

目　录

Part 1　一腔孤勇"闯江湖"

Part 2　"亲密无间"的安全距离

Part 3　兵荒马乱"内心戏"

Part 4　"又爱又恨"的校园生活

Part 5　"丰富多彩"的课余时光

Part 6　"帅哥"的"秘密"

Part 1

一腔孤勇"闯江湖"

十几岁的男孩，骨子里的冒险精神和不安分随时都会喷薄而出。他对这个未知的世界有太多的好奇和渴望，对自己的未来也有太多的梦想与期待。他怀着一腔热血，尝试着去跟人交往，尝试着在摸爬滚打中成长。

谁都渴望一帆风顺，但生活本就充满了酸甜苦辣。热血沸腾的少年遭遇生活的艰难，难免会手足无措，父母的阻挡只能更加坚定他想要独立、想要闯荡的决心。

社交能力是男孩子成长过程中必备的能力之一，对青春期的男孩来说尤其如此。没有哪个父母不望子成龙，没有哪个父母不希望孩子能在社交中游刃有余，父母不支持孩子独闯江湖，大多数时候，只不过是担心他空有一身孤勇，却没有安身立命的"功夫"。当父母的苦心和孩子的不甘发生激烈碰撞时，到底谁对谁错？

十几岁，最好的年纪，不应该被辜负；少年热烈的青春期，一生就这么一次，应该被成全。

孩子与父母的对峙，犹如一场对孩子的身体、个人意愿和自主权的争夺战，这场特殊的"战争"，因为父母与孩子间的牵绊，变得异常煎熬而艰难。聪明的父母，会通过沟通与孩子增进了解，以爱和理解化解干戈，通过"和平演变"帮孩子度过这段特殊时期。

有父母爱的陪伴，不奢望一切顺利，但愿孩子能在磕磕绊绊中成长，领略出生活的真味。

"怼"天"怼"地"怼"自己

做父母的最怕孩子惹祸，可是怕什么来什么，最近你接连接到老师和几个同学的电话，都是在向你告状，你听完简直气得肺都要炸了。

这孩子自从进入青春期后，脾气就变得越来越古怪。每次上课他都会捣乱，老师在讲台上讲课，他就坐在下面接话，老师说一句，他就反驳一句，不管老师讲的内容是对是错，他总会反对，严重影响了课堂纪律。他在学校里到处乱跑乱跳，还跑到校外跟人吵起来，幸好有同学叫来了老师，把他拉回了学校，不然他可能会跟那些人打起来。

他跟同学关系也不好，不管别人说什么他都要"怼"两句，总要贬低别人、批判别人。他总觉得自己说什么、做什么都对，别人都是错的，看什么都不顺眼。班里没人愿意跟他说话，人家本来在讨论问题，气氛也挺好，他一过去就乱批一通，后来别人一看到他就立刻闭嘴，也不跟他交流。老师上课不提问他，他就自己在底下说。学校担心他这样会出问题，建议父母跟他好好沟通一下，看看孩子是不是有什么心理问题。

你听了这么多人的话，早就憋了一肚子火，可他还是一副满不在乎的样子，批评他的话立刻就喷涌而出——

　　"你上课逞什么能？能不能好好听话，老师在上面讲，你在下面讲，你咋不上天啊？"

　　"你给我站好！整天一副嬉皮笑脸的样子，有没有个正形？在学校就得遵守学校规定，你整天乱跑什么？"

　　"你为什么动不动就骂人？现在好了吧，骂完这个骂那个，都没人愿意搭理你了，看你还能骂谁！"

　　"你在班里跟同学闹，在学校跟老师闹，出了校门还跟外面的人吵架，你怎么跟谁都能吵起来？！"

　　你说话时，他几次想跳起来跟你吵，要不是你怒气冲冲地压制着，他说不定早就蹦起来了。他被你吼完，也气得喘着粗气嘶吼起来——

　　"老师讲的都是些什么，特别简单的一道题讲一节课，问的问题小学生都会回答，当我们傻吗？"

　　"谁又给我告状了？天天跟坐牢一样坐在椅子上，我走个路都要管，谁吃饱了撑的多管闲事？！"

　　"那群傻子！我倒大霉了才跟他们一个班！老师说什么都信，讲错了也听不出来，我好心提醒他们还骂我！"

　　"怎么总有人跟长舌妇一样讲人坏话！校外那群人骂我们学校，我骂他们怎么了？你们知道怎么回事吗就来骂我？他们说什么你们都信，你把我当儿子了吗？"

这孩子说话的态度，让你完全相信了老师和同学的话：他完全是按自己的喜好在说话、做事，全然不顾周围的人是怎么想的。他根本没觉得自己错了，反而觉得别人都不对，你管他也不对。他总觉得自己比别人强很多，想让别人关注他、听他的，觉得别人傻、别人笨，甚至觉得别人在嫉妒他，根本不可能听得进去教育和劝告，你应该怎么纠正他的这些毛病呢？

其实"自我中心"是人在发展的各个阶段都存在的一种现象，从少儿到成人的各个阶段里，一个人说话、做事时，总是习惯性地以自我感受为出发点。只不过少儿的这种现象，人们会很包容，成人会自觉纠正或者调整自己的说话与做事方式，只有在从少儿向成人过渡时，也就是青春期阶段，孩子会非常敏感，非常在意别人对自己的评价，却还没有学会接受自己的不足，对自己的评价也忽高忽低。此时，孩子还不会控制自己的情绪，观点也容易发生偏颇，总有各种问题和冲突发生。

在这个特殊的时期，父母教育孩子，最重要的任务不是对他进行指责或者"围堵"，而是要帮助他认清自己存在的问题，学会面对和接纳自己的这些不足，然后再想办法去改善这些不足。

面对容易暴怒、容易情绪失控的孩子，父母要学会控制情绪，在和孩子沟通时，也要保持情绪稳定。暴怒是可以传染的，良好的情绪同样如此。情绪稳定的父母，可以带给孩子安全感，可以安抚孩子的情绪，在引导孩子时，也会更加容易成功。

面对孩子"自我意识"过强、总以自我为中心这一问题，你也可以通过语言跟他好好沟通，这么跟他说，打通沟通的渠道——

"你脑子聪明、反应快，但乱插嘴非常不礼貌，你必须向老师道歉。老师要照顾大多数同学，你一插嘴，老师的教学计划就乱了，其他同学也受影响了，你这样做是不对的。"

"尊重是相互的，老师允许你自由发言，你就应该遵守学校的规定，上课期间不应该跑到外面去，更不应该做危险的事，不然最后受伤的还是你。"

"你这么聪明，有没有想过带着全班同学打败其他班级？你一个人强不算啥，如果在你的带领下，你们班成绩无人能敌，你还是'带头大哥'，那才是真的酷，对吧？"

"学校里面很安全，校外却不一定。'双拳难敌四手'，你一个人面对一群人会吃亏。学校的老师和同学就是你的后盾，你有事的时候，他们都会在第一时间站出来保护你。"

要让孩子摆脱"自我中心"的毛病，就要引导他学会和"自我"和平共处，帮他建立起对学校和班级的归属感，让他更好地接纳这个集体中的其他人，愿意为了集体而进行改变和努力。父母还要有意识地锻炼孩子的社交能力，引导他学会处理和同学、老师的关系，与具有正能量的朋友多交往，学会用正确的方式排解压力。不能一味索取，在接受他人好意的同时，也要向对方释放善意，学习多奉献、多付出，建立正常、健康的社交关系。

拖延症越来越严重

孩子上了中学，拖延症比上小学时更严重了——每天早上，一直等到再不起床就要迟到了，他才磨磨蹭蹭地穿好衣服，背上书包出门，连早饭也来不及吃；晚上说好的 10 点半睡觉，他非要熬到半夜 12 点才上床。你以为他这么晚睡觉是在用功学习？可他每天的作业总要拖到最后一刻才交，一遇到难题就要在网上找大半天。

周末作业并不多，但他反反复复写同一道题目，一篇 800 字的作文写了五六个小时，磨磨蹭蹭熬夜赶作业。漫长的假期时间足够多了，可老师留下的作业，他总要拖拖拉拉到最后一天才肯做……

青春期的孩子就是让人不省心啊！看着这个叛逆的孩子，你既生气又无奈，恨不得上手替他做事，却只能一边严格监督，一边在他耳朵边不停地催、不停地提醒、不停地唠叨埋怨——

"再磨蹭又要迟到了，就不能早点起床吗！"

"你怎么这么慢！这两道题你都改了仨小时了！"

"这都半夜 12 点多了，你怎么还不赶紧睡觉？"

"半个小时前就说要出门，到现在连衣服都没穿好？"

"收拾个书架俩星期还没收拾好，你能不能别跟你爸一样，又懒又笨？！"

他羞愧地一言不发，有时候甚至会着急地直掉眼泪，但大多数时候，他会又急又怒地把你赶出房间，"嘭"的一声关上门。随着关门声，你还能听到他在房间里带着哭腔特别大声地嚷嚷——

"走了走了！别唠叨了！我都要困死了！"

"我还有一道题没改好，你不要打扰我！"

"谁不想睡觉啊，可我作业还没写完呢，睡不了！"

"你出门换衣服没事，我换个衣服你就唠叨个没完！"

"反正在你眼里，我什么都做不好，那我还做它干吗！"

其实你也看到了他的努力，可你只要一看到他磨蹭就忍不住想发火。好多话，一说出口你就后悔了，可是覆水难收，那些话在伤害孩子的同时，让你心里也并不好受。

青春期的少年本应该有充沛到用不完的精力，做事也应该雷厉风行，为什么会变成这样一副磨磨蹭蹭、拖泥带水的样子呢？

中学生中，有将近一半的人是"拖延症患者"，其中心理因素占了很大一部分比例，比如压力太大、缺乏自信、过于追求完美等。而来自父母的期待和指责，是其中比较常见的心理因素。

有拖延症的孩子背后，往往有对他抱有很高期望值的父母，这些父母往往性格急躁、控制欲很强，会给孩子制定各种目标、对孩子提出各种要求，却没想过，这样的强势会给孩子带来很大的压力甚至负面影响。物极必反，当孩子感觉到无助时，就会采用拖延的方式，父母越催，孩子做作业的速度越慢，明明很快就能完成，偏偏要拖到很晚。孩子借用这种方式，来表达内心的不满，也是对父母控制的无声反抗。

当父母习惯了对孩子大喊大叫，只会指责而不去理解孩子，只会命令而不与孩子沟通，最后只能跟教育的初衷背道而驰、越走越远，亲子关系也只会越来越疏离。

青春期孩子的教育，就像是父母的一场"修行"，而好好说话，是这场修行中最艰难的部分。父母要学会用"理解"来替代"控制"，因为正确的引导，往往会比催促、责骂更有成效。

面对孩子的拖延，你不妨试试这样说——

"还有 1 个小时上课，路上要半个小时，还要提前 10 分钟进教室，你不想迟到，5 分钟后就必须出门了。"

"这道题目有好几种解法，你可以先提交作业，其他几种方法等老师讲解时再验证下是不是正确。"

"你今晚熬夜，明天白天上课时会不会犯困？学习效率还会高吗？熬夜就是个恶性循环，你想一想要怎么做，才是真正好的学习方式，才能真正提高学习效率。"

"如果 10 分钟内还不出发，你就没办法按时赶到约定地点了。所以你能不能尽快换好衣服？"

当父母的情绪稳定时，孩子就不容易出现负面情绪，行动也就会更有效率。而当孩子的专注力提高时，拖延症也就容易治愈了。

除了注意与孩子的沟通方式，父母还应该留意造成孩子拖延症的其他因素，力求做到"对症下药"。

很宅很"社恐"

孩子进入了青春期，不但身体发生了变化，而且性格明显变了。小时候的他是个非常黏人的"跟屁虫"，但到了青春期，你要让他出门，简直"难如登天"：吃完饭拉他一起去散个步，他觉得"无聊"不肯去；让他帮忙买个菜，简直就像要了他的命；周末去公园拍照、划船或者放放风筝，他觉得"幼稚"仍然不肯去；如果让他陪你去见亲戚朋友，那就更不可能了，他连理由都懒得想，一句"不想去"就算是给你的交代。

你觉得很奇怪，这孩了小时候像个"话痨"，现在话变少了，喜欢宅在家里，活动范围就是客厅和卧室，拿个外卖也是让人放在门口，等人走了再去拿。他在学校也不爱跟人说话，很少主动回答问题，群消息几乎不回复，老师、同学给他打电话几乎不接，发语音只回文字，班级活动能不参加就不参加，参加了也是躲在角落里不说话，让人觉得很难相处。

这孩子什么时候变得这么孤僻了？你想着他一次又一次拒绝出门的样子，想着他最近的表现，忍不住发怒了——

"为什么不搭理人？邻居跟你说话，你跑什么啊？"

"怎么这么没礼貌，这么大的人了，见到亲戚朋友连打招呼都不会吗？"

"上课不回答问题，题不会做也不问老师，学校活动也不参加，你再这样下去整个人都要废了！"

"整天躺在家里，门也不出，让你去买个菜连价钱都不问，拿着东西就跑，你到底怎么回事？"

任凭你再怎么生气吼他，他都低着头一声不吭，连看都不看你。逼急了，他就头也不抬地张嘴蹦出几个字，算是给你的回复——

"不想说话。"

"不知道说啥。"

"人一多我就紧张。"

"不想跟陌生人说话。"

你终于意识到，孩子可能是出现了心理问题，而且可能是传说中的"社恐"。你知道青春期的孩子总有各种奇怪的表现，可大多数孩子不都是上蹿下跳、闹腾得惹人烦吗，怎么还会产生这种害怕交往、不想说话的社交障碍呢？作为父母，你自问对孩子的管教并不专制，家庭环境也比较民主，他怎么就"社恐"了呢？

青春期的孩子确实容易形成"两极分化"，有的孩子"天不怕，地不怕"，各种叛逆，让父母头疼不已。也有一部分孩子，会出现"怕人"、不喜欢社交的情况。这一阶段的孩子身体发生了很大变化，心理成长跟不上身体发育的速度，虽然外表看起来像个大人，但心理发育还没有完全成熟。身心发育的不协调，就会导致孩子对外部社会的适应能力不足，变得非常敏感，很容易产生"社交焦虑"。

在这个特殊的阶段，孩子的"社恐"就是害怕和人交往。

当置身于陌生的环境，或者遇到自己没办法控制的场面时，人的身体就会处于一种紧张的状态，注意力、处理事情和思考的能力都会降低。

孩子之所以会"社恐"，主要就是因为对所处的环境缺乏安全感。

孩子产生"社恐"的原因很多，比如在学校感受到的竞争压力，或周围的环境对孩子产生了不良影响。家庭因素最常见的就是父母太过严厉、过度苛责，教育方式不当，孩子没办法缓解或者摆脱焦虑情绪，就会出现各种负面情绪，很自然地想要逃避。

"家"是最能让人感到安全的地方，所以"社恐"的孩子愿意"宅"在家里，获得短暂的安宁。

人是社会性动物，不能长期"宅"在家里，否则，就会越"宅"越"社恐"。长期缺乏社交环境，在面对社会上的人和事时就会惶恐无助，不知道该如何处理。这种社交能力缺失，又会加重孩子的焦虑和退缩心理，"社恐"加重，最终造成恶性循环。

青春期"社恐"的孩子很敏感，安全感也很低，如果他自己不愿意，而是被动地、迫不得已地去和人说话、社交，就会出现社交性恐惧。因此，父母要注意控制情绪，尝试缓解孩子的压力，学会和孩子好好说话——

> "邻居家那个小弟弟觉得你踢球特别厉害，想和你一起玩，下次咱们去球场时带上他，你教教他怎么踢球吧！"

13

"亲戚们都羡慕我儿子懂事又帅气，一会儿他们过来，你这个小主人记得打招呼问好啊！"

"老师说你文笔很好，推荐你参加演讲比赛，快来练习一下，我来当第一个观众！"

"医生让我减肥，你得陪我一起跑步，帮我做好记录。以后要拜托你了，小陪练员！"

"社恐"的孩子最需要亲人的支持，父母要给予孩子足够的理解、包容和陪伴，帮助他建立正常的社交，健康成长。

一张嘴就要吵架

孩子开始长个儿了，身高慢慢超过了父母，随着身高一起长的，还有他的脾气。他每天都显得非常烦躁，也越来越没有耐性：早上叫他起床上学，他满脸不耐烦地捂耳朵嫌父母唠叨；路上闯红灯被批评，他直眉瞪眼地差点跟交通协管员吵起来；上学迟到被老师说了两句，他居然皱着眉大声顶撞老师；同学好心安慰他，他气呼呼地说人家多管闲事；好朋友担心他身体出了问题，他给人一拳，说人家咒他生病没安好心……不管是对同学师长还是对亲戚朋友，他看谁都不顺眼，对谁都非常不耐烦，一张嘴就像要吵架，说不了两句话就会生气地大吼大叫、摔东西，甚至会骂骂咧咧，还想动手打人，简直像个炸药桶一样，一点就着。

作为父母，你不但要面对这样一个随时随地都能跟人吵起来的孩子，还要时不时地帮他收拾烂摊子，跟老师沟通、给同学道歉、向亲戚朋友解释……每处理一件他惹来的麻烦，你都特别想揍他一顿。看他满不在乎的样子，你非常崩溃，终于忍不住冲他吼起来——

"你怎么回事，一点小事就发火，动不动就发脾气，你到底想干吗？"

"反了你了！又摔东西又骂人，你是不是不想在这个家里待了？"

"见谁骂谁，还想跟人打架，你到底会不会好好说话？"

"真不像话，对老师、同学都这么没礼貌，还想不想上学了？"

"你讨厌这个、讨厌那个，你这样别人难道不讨厌你？"

你的话如同火上浇油，立刻引发了他新一轮的情绪爆发。他滔滔不绝地发泄着，似乎想借着这个机会，把长期以来对父母的怨恨、把之前憋在心里不敢说的话全都说出来——

"一天天都来找我麻烦，能不能让我安静会儿？！"

"你光看到我骂人，怎么不说是他们先惹的我？不让我在家待着，我走！"

"有事没事就批评我，什么都是我的错，你们都好好说话了吗？"

"老师就能胡乱批评人吗？这个破学校，我早就不想上了！"

"谁稀罕他们，离我越远越好，都别来烦我！"

看着眼前狂怒的男孩，你不停地劝慰自己：这是我亲生的，这是我亲生的，这是我亲生的！我一定不能生气，一定不能跟他对着干，一定要想办法跟他和平相处……可是，以前那个乖儿子到哪里去了，他到底是什么时候变成了一动就炸的"炮仗"脾气？

确实，进入青春期后，随着自我意识的觉醒，孩子开始自我表达，不再什么都听从父母师长的。他变得敏感，控制不住自己的冲动，容易暴躁，但他只是把一直以来要说的话、想做的事集中表达出来而已。

青春期的孩子渴望被认可、被接纳，他身边的父母、老师、朋友对他而言非常重要，他对这些人非常重视，也希望得到对方同样的重视，希望对方能够聆听他的见解，能够得到平等交流的机会。但不管是社交还是与父母相处，他仍然会被当小孩子，父母师长仍然一味说教，他的需求不能被满足，不被理解，不被尊重，他就很难控制自己的情绪，甚至借机发泄，就会表现得暴躁、愤懑和狂怒。

父母和孩子沟通时会碰壁，是因为没有意识到他的需求，没能和他好好说话。这时候父母不要想着打骂、教育、控制，不妨换种说话方式——

"怎么这么生气？能不能跟我说说发生了什么事。"

"别着急，坐下来慢慢说，我们一起来想想办法。"

"因为一件小事发脾气，会让人对你的印象大打折扣，最重要的是伤人伤己，你自己是不是也不好受？"

"先冷静一下，别生气，咱们聊聊到底发生了什么，看看怎么解决。"

每一个青春期叛逆的孩子心里都是"兵荒马乱"，都觉得自己正在承受着或者曾经承受过莫大的委屈。这种委屈，或者来自学校，或者来自家庭，甚至会来自他最亲密、最信任、最尊重的父母。

除了给孩子需要的爱、信任、鼓励和时间，父母还要尝试着去理解、陪伴他，相信他也想做个好孩子，这样他在未来也会让你刮目相看。

大男人的"独立宣言"

孩子长大了，父母的烦恼也就来了：你发现孩子开始跟你"疏远"了，以前不管你去哪儿他都喜欢跟着，现在他宁可窝在自己房间发呆，也不愿意往你跟前挤了。以前出门，不管远近都是你来回接送，现在他非要自己骑单车、坐公交、打出租车，不愿意让你接送了。以前你逛街购物，他都是跟你一起挑一起选，现在你刚开口说要上街他就直接拒绝了。以前他的衣服鞋袜都是你帮他买，你挑选的款式他也都会非常喜欢，现在他经常会自己网购一堆奇装异服和你根本不知道有什么用的东西。以前见到你的朋友，都是你做介绍，他很少插话，现在他也会像模像样地跟你的朋友聊天了。以前的周末、假期他都是跟你在一起，现在他经常约同学朋友出去玩，却不告诉你去哪儿了、干了什么……

你越来越觉得，他在故意跟你对着干：你让他做什么他偏不做，你不喜欢的他偏要去干。他放学不回家，你经常见不到他，在家他也不愿意跟你坐在一起，你问什么他都不愿意说。你又着急又担心，忍不住开始唠叨——

"越来越没礼貌，我和朋友说话，你插什么嘴！"

"一天到晚在外面鬼混，这都大半夜了，再这么晚就别回来了！"

"把你这身破衣服脱了！丁零当啷的，跟个小混混似的，哪像个学生！"

"以后不准再跟你那些朋友出去！都是些什么孩子，不好好学习，天天在外面乱逛！"

你原本是想表达对他的关心和忧虑，可惜他完全不领情，冷着一张脸，眼神不屑，动作和说出的话更不屑——

"既然是你那朋友问我，我解释给他听，有什么问题？"

"我说了会晚点回来，你也答应了，现在是什么意思啊？"

"拜托！不懂审美就别乱说行吗？这是最流行的款式，我又不是在学校，穿这身衣服怎么了？"

"你的朋友是朋友，我的朋友就不是好人？麻烦你不要这么双标行吗？我已经长大了，你能不能少管我？！"

眼前这个能言善辩的大男孩，就是曾经那个跟你亲密无间的"小可爱"吗？如果不是亲眼所见，你简直以为自己的孩子被人"掉包"了。他原本那么听话、懂事，现在却越来越叛逆；原来经常被老师夸奖，现在成绩起起伏伏，还出现许许多多奇怪的行为；原来那么贴心，现在却敏感多疑，什么事也不愿跟你说。

　　其实孩子没有变，只是父母对孩子的成长适应不良罢了。进入青春期后，孩子第一次无比清晰地认识到"我是谁"，第一次想"当家做主"。父母却还没有适应孩子的"自主性"，尤其是那些小时候听话的孩子突然有了自己的主见，父母会特别不能接受，甚至会觉得他叛逆，不听话，抗拒父母。殊不知，这一切的源头，就是你不会沟通，不会好好说话。

　　孩子希望获得尊重、拥有自主权。他在意别人的评价，特别是同学朋友的评价。因此，他非常重视社交活动，也很在意同龄人对自己的认可。**他的"忤逆"与"反抗"，只不过是想"做自己"、想彰显自己的"权利"。**

　　在确保安全的前提下，父母不妨对他的挫折和失败给予充分理解，跟他一起面对困难、共渡难关——

　　"我朋友很欣赏你，你有没有兴趣跟他聊聊？"

　　"晚上要注意安全，记得给我报平安，需要我帮忙随时打电话。"

　　"日常衣物你挑自己喜欢的买，友情提示：你那些'blingbling'的服饰可能会让老师给我打电话哦。"

　　"你的那些朋友看起来都很酷啊，是不是都多才多艺？跟我讲讲呗，他们都有哪些'绝活'？"

　　正确的沟通方式，可以打开孩子的"话匣子"。青春期的孩子看起来很叛逆，但同样具有极强的可塑性。他还不具备独立、妥善处理事情的能力，也不能确定自己做的事情就是正确的，很需要父母的支持和帮助。父母需要引导他辨别是非，真正给他创造独立的成长空间，把自主选择和决定的权利交到他手里，成为他健康成长的强大助力。

运动鞋只要名牌限量版

孩子如愿进入一所重点中学，学校的要求也很严格：不许留长发、每天穿校服，不管是走读还是住宿，都需要参加早读和晚自习。班里的同学都充满了斗志，你追我赶，学习气氛很浓厚，自家孩子的精神状态也很饱满，有了同学作对照，不用你催，他也会自觉学习。

你很欣慰，这么好的学习环境，你也不用多操心了。事实也确实如你所料，他学习的劲头非常大，同学报课外班，他也要学；同学买习题集，他也会让你帮他买；别人买什么文具，他就要买一样的。他和同学一起学习、一起考试、一起比赛、一起运动，同学之间的良性竞争，让孩子变得越来越优秀。

可惜没多久，你就发现了问题：他开始迷上了打篮球，总跟一群同学一起打球，还让你给他买运动鞋，而且点名要某某名牌运动鞋，还只要买限量版的。一双名牌运动鞋少说也要大几百甚至上千元，限量版运动鞋更是动辄几千元。一个中学生，穿这么贵的鞋子，有必要吗？

看着他那副非买不可的倔强样子，你开始苦口婆心地劝说，想要把他从"跟风"迷恋买鞋的"歧路"，扳回到学习的"正途"上来——

"你太浪费了！都多少运动鞋了还要买？普通人一个月工资才勉强够买一双鞋，那双球鞋也太贵了！"

"你可真是越大越不懂事！一天天总想着吃好的、穿好的，还是多想想怎么好好学习，考个好成绩吧！"

"你怎么这么不务正业！你知道在重点学校一年要花多少钱吗？你要是也能跟人家××一样考个年级第一，要什么我都给你买！"

"你才多大就这么爱攀比，还开始挑上了！限量版和普通版有什么区别，还不都是一样穿？多跟同学比比学习成绩，少跟别人比吃穿！"

你的一片苦心终究还是落空了，他根本听不进去你的话，甚至还觉得很委屈，眼里噙着泪水，愤怒地冲你嚷了起来——

"你看看你平时给我买的都是些什么鞋，全班就我的鞋最差，特别丢人，我觉得没脸见人，都不想去学校了！"

"我就想买双鞋，怎么就不懂事了？我平时要过什么吗？我还不够努力吗？我成绩不好能上重点中学吗？"

"我算看透了，口口声声说为了我好，其实还不都是为了你们自己的面子！我就想买双鞋，还要拿成绩来换！"

"我就不配穿双好点的鞋吗？我的同学们都穿什么鞋，我能跟人家比吗？不想买就直说，少跟我讲什么大道理！"

没想到，你只不过是想对他进行教育引导，却被他误以为你的爱要拿"成绩好"这个"附加条件"来换取，如果达不到条件，你的爱也会"打折扣"。做父母的哪有不为孩子好的？父母的爱，是这个世界上最无私的，你爱他，仅仅因为他是你的孩子，没有任何"附加条件"。可你要怎么说，才能让他相信你呢？

青春期的孩子，正处于自我意识觉醒、急于寻求身份认同的阶段，在社交中，他希望通过某些外在的物品来表达自己，从而获得同龄人的认同。父母要理解孩子的这种需求，他并不是为了炫耀或攀比，更多的是为了向同龄人靠拢，获得他们的认同，以便更好地融入新的环境、新的社交圈子，建立起一种归属感，能增强他的自尊心和自信心。

父母想要引导孩子，让他更好地适应社会、学会社交，就不能直接拒绝他，或者站在孩子的对立面，更不应该帮他决定甚至试图说服他，在对立的情绪下，孩子只会看到你的训斥，不会理解你的苦心。

爱孩子，则为之计深远。父母要转变身份，从替孩子做决定的"决策者"变为他的"顾问"，帮他分析、给他建议，让他自己来拿主意。

父母要转变态度，不妨先从沟通开始，放下姿态，站在孩子的角度，倾听孩子的需求，跟孩子好好说话——

> "说实话，我觉得限量版的鞋有点贵。你能不能说说有哪些非买不可的理由，然后再决定买不买，好不好？"
>
> "限量版运动鞋的作用是什么呢？你能进重点中学、能让同学和老师刮目相看，是因为那双鞋吗？"

> "你的好成绩、你的自信都应该来自你的努力。凡事都有代价，那双鞋你不妨也通过努力来获得。"
>
> "帮家里干活，每个小时给你100元，这是你的生活费，由你自己支配。要不要买那双鞋，也由你自己来决定。"

　　青春期正是由幼稚走向成熟的过渡阶段，父母要帮孩子去了解和适应这个社会的各项规则，但不要对孩子进行道德评价，更不要随便给孩子贴上"不懂事""不务正业""爱攀比"等一系列"标签"，这样很容易引起孩子的逆反心理，不利于沟通。

　　父母要就事论事，对自己的感受和看法进行客观表述，并尝试着去了解孩子的心理和需求，帮他分析、给他建议。买运动鞋这件事，其实就是帮助孩子树立正确的金钱观、消费观，让孩子知道凡事都有代价。可以通过设立目标、记账、把想买的东西和必须买的东西按照轻重缓急进行分类等方法，让孩子合理分配自己的金钱。在这个过程中，父母还要帮孩子了解社交中的注意事项，引导他做出明智的选择。

　　同样是给钱，父母要模拟现实社会的生存规则，让孩子为零花钱付出努力、知道自己的生活成本是多少。这样，在购买心仪的东西时，他就会衡量自己的经济实力，思考这笔付出是否值得，也就知道该如何选择了。

谁也别抢，我是"老大"我买单

做父母的从来没有想过，孩子才上中学，就给自己出了个大难题。

在给孩子准备物品时，父母就已经悄悄为他申请了住校。学校是封闭管理的，有食堂，平时孩子不能随便出校门，每周可以回家一次。在这样的环境中，孩子安全有保证，学习又有老师管理，他只要安心学习就可以，父母也不用天天盯着，可以专心工作，实在是再好不过的安排。

可惜，父母自以为完美的计划很快就被现实无情地"打脸"，一片苦心也被辜负了。孩子吃住在学校，原本是花不了多少钱的，可是，最近你给他的生活费每个星期都不够，你多给他一倍的钱还是不够。

你感觉很奇怪，他到底把钱都花在哪里了？最终了解到的情况让你目瞪口呆：他和一群关系不错的同学经常一起吃饭，每次吃饭都是他去刷卡买单，他还不许别人跟他抢，谁跟他抢他跟谁急。他在学校的口头禅就是——"你们想吃什么菜随便点，我来买单！"

正在生长发育的男孩子饭量都不小，几个大小伙子一起吃饭，一顿就要花不少钱，一天三顿几乎都是他请！不但如此，他还时不时地买些零食、饮料跟大家一起分享，生活费自然是成倍增长。

如果只是花点钱，父母也就忍了，可他不知道从哪里学了一套"社会人"的做法，和这帮人吃饭在一起、放学在一起、周末出去都要凑到一起。他还当起了这帮人的"老大"，有什么事都是他冲到前面帮忙解决，而这些事，一般都是需要花钱的——去网吧打游戏时，他负责充值；在外面吃饭时，他负责交钱订位子。所有需要出钱的地方，都是他出面，这就是他这个"老大"的"专利"。

了解到这些情况后，做父母的简直被气得想立马就给自家那个浑小子一通"胖揍"，打醒他，让他不要沉浸在虚幻的美梦中——

> "你清醒点，看看这个月你一共花了多少钱，你这些钱都花到哪里去了？"
>
> "大家一起出去玩、一起吃饭，为什么不 AA，为什么非得你一个人出钱？"
>
> "这些消费都要赶上我一个月的工资了，你知不知道挣钱多不容易，你就敢随便乱花？"
>
> "你不好好学习冒充什么大哥！你有多大能耐就想当大哥？你知道这么多人一天要花多少钱吗？你有这个本事养他们吗？"

父母看着消费账单，被气得一佛出世，二佛升天，那个始作俑者却丝毫没有意识到问题的严重性。他明明一脸蒙，根本就没听懂你的话，却仍然很强硬地跟你犟嘴——

"我不知道花了多少钱！不就是大家一起吃个饭吗？谁吃饭还天天算着花了多少钱啊！"

"我请他们吃饭怎么了？我是老大，不就应该我出钱吗？你们吃饭不也是抢着结账吗，我结个账怎么了？"

"哎呀我真服了，你能不能别叨叨了，我以后双倍还给你，双倍不行就三倍，你别唠叨个没完没了的！"

"我根本就没有冒充！他们都非常尊重我，都觉得我厉害，就想让我当大哥！我怎么就不能当大哥了？"

父母早就听说过，青春期的孩子会有各种叛逆行为，但这种花钱大手大脚的行为是你没想到的。他给别人花钱的这种习惯要怎么改才好啊，不让他跟同学朋友交往肯定是不行的，但他的观念不改变，这种事就还会不断发生。这个傻孩子，怎么就这么不把钱当钱看呢？

青春期的孩子都渴望得到关注和尊重，在学校这个比较单纯的环境里，成绩好的孩子才会被老师表扬、被同学关注。如果他的成绩不够优秀，他就会希望通过衣着、消费等其他方式得到他人的关注。

孩子的过度消费，跟他的心理状态和心理需求有关。受社会大环境和影视媒体影响，孩子从小看到的就是花钱请客的人会受到别人的尊重，会被别人环绕、夸赞，所以他潜意识里就会以为，只要请其他人消费，就能得到对方的尊重。他请客、消费等各种行为也确实得到了大家的感谢和夸赞，"老大"这种称呼对他而言就是一种表扬和认可，满足了他的虚荣心，也满足了他想要得到关注的心理需求。这短暂缓解了他因为学业不突出带来的焦虑感，被人环绕也满足了他的交往需求，消除了他的孤独感。而这些恰恰都是孩子的情感需求，是父母不能满足的。

父母要想纠正孩子错误的消费观，光凭打骂是不行的，必须学会跟他沟通，让他真正知道家里的收入支出情况，学会应该怎么用金钱，树立正确的消费观。比如对他喜欢买单这件事，可以这么说——

"我发现你一个月花的钱比别人一学期花的钱还要多。这样一对比，你是不是就能知道自己该花多少钱了？"

"你花的都是家里的钱，你的同学也一样。你要相信同学能处理好自己的事，他们需要你帮助的时候你再伸手，行吗？"

"大多数同学的父母都是上班族，你一个月花的钱，比别的同学家长挣的都多，你可以问一下同学，看看大家是不是花钱很节省？"

"要想赢得别人的尊重，就要有足够的能力，在学校看的是好成绩，上班时是工作能力，在家庭里是能养家，对朋友则是能帮助朋友解决各种难题。你现在花的钱还是家里给的，你自己有哪些能力让大家佩服你呢？你要让大家都佩服你，在学校期间是不是应该比他们成绩都好才行？"

孩子的金钱观、消费观不是一朝一夕能够养成的，需要父母在日常生活中潜移默化地引导。父母生下孩子，不是只让他吃好穿好就行，还要教育他形成良好的生活习惯和生活方式，要多和孩子沟通，及时消除孩子潜在的心理问题。要让孩子不乱花钱，父母就要以身作则，为孩子树立良好的榜样，陪孩子顺利度过青春期。

Part 2

"亲密无间"的安全距离

"所谓父母子女一场，只不过意味着，你和他的缘分就是今生今世不断地在目送他的背影渐行渐远。"龙应台的话，就是亲子关系的真实写照。

随着年龄的增长，孩子会逐渐跟父母划出边界，会越来越远离父母，越来越独立。

青春期的孩子，更是状况频出，不听从父母的建议，有自己的想法，父母也常常认为孩子是在跟自己较劲、蔑视自己，父母和孩子在自主权的争夺过程中，最容易导致双方情绪失控、歇斯底里地爆发。

孩子不是父母的附属物，而是有独立思想的个体。父母和孩子的亲密关系，也并非一成不变。纪伯伦在《论孩子》中就已经提醒过每一位父母："你们的孩子，都不是你们的孩子，乃是生命为自己所渴望的儿女。他们是借你们而来，却不是从你们而来，他们虽和你们同在，却不属于你们。"

健康的家庭关系，就是父母和孩子彼此理解、相互尊重，给足让双方都感到安全舒适的边界。

这种"界限"，其实本就是父母跟孩子之间的心理距离，父母要清楚地区分出，什么是孩子的事，什么是父母的事，什么是家庭成员共同的事。

作为引导者，父母要对自己的位置有清晰的认识，要学会放手，学会培养孩子的独立人格。

父母对孩子的爱，就是一边精心呵护着他成长，一边尊重他的自主需求，一点点，不舍却坚定地放手。

笔记本都上了锁

孩子进入青春期，在个头猛蹿的同时，似乎也有了心事，以前一回家就喋喋不休，现在变得沉默寡言；以前一直围着妈妈转，现在一放学就钻进自己的房间；以前催多少次都坐不到书桌前，现在睡觉时间过了，灯还亮着。

你以为他忘记关灯，结果推开门才发现他还在埋头奋笔疾书。你走过去催他睡觉，他却手忙脚乱地把本子扔进抽屉里，还用身子挡在桌前。

这很不对劲，一切迹象都在表明儿子有什么事情想要隐瞒。于是你趁他不在的时候，偷偷拉开抽屉翻找，日记本找到了，但是上了锁，没有钥匙根本打不开。紧接着，更"过分"的来了——你发现儿子的 QQ 空间进不去了，连儿子的微信朋友圈也看不到了。

你顿时感觉心碎了一地，忍不住激动地冲着儿子"碎碎念"——

> "你又闯了什么祸，还是干了什么坏事，偷偷摸摸地不敢告诉我们？"

"你的QQ空间有啥见不得人的，为啥要屏蔽我们？！"

"我们是你的亲爸亲妈，你有啥事连我们都瞒着？"

你的"碎碎念"还没"念"完，就被儿子的委屈和愤怒打断了，你发现，他的"怨念"比你有过之而无不及——

"我干啥了，你有证据吗，就说我干坏事了？！"

"屏蔽你怎么了？你们就像一个全方位、360度无死角的摄像头，时时刻刻盯着我，还要时不时地批评我几句，我就想找个地方喘口气不行吗？"

"亲爸亲妈就能乱翻我的东西吗？亲爸亲妈就能偷看我的日记、手机，还把我的事嚷嚷得全世界都知道吗？亲爸亲妈就非得把我看得透透的、管得紧紧的，我干什么都要被你们偷窥吗？最烦你们这种不尊重别人隐私的爸妈了！"

亲爸亲妈原本以为翻看儿子的物品是跟儿子加强沟通交流的渠道，没想到竟然会让儿子觉得自己是在偷窥，还导致了儿子的激烈反抗和强烈不满。难道做父母的就不能动孩子的东西？难道想多了解儿子也有错吗？

其实，不管是翻看孩子的物品还是偷看孩子的日记，归根结底，都是父母和孩子之间产生了矛盾，而这个矛盾的起因，是父母与孩子的沟通方式出现了问题，最重要的是，说话的方式不对。

青春期的孩子有着很强的自我意识和"隐私"意识，他们希望能够拥有足够的私人空间，希望独立地面对外界，希望个人隐私得到尊重，不要再被人指手画脚。可是在父母的眼里，儿子仍然没长大，仍然需要保护和指导，仍然需要听话，还会忍不住居高临下地训斥孩子。

孩子跟父母需求不同、意见相左，"话不投机半句多"，于是就只能"转移阵地"，通过日记、QQ 空间或者微信朋友圈来倾诉。父母则是苦于跟孩子的沟通越来越少，因此想方设法地洞察孩子的生活、干预孩子的思想和行为，甚至采取偷看的方式来了解孩子的动向。对许多父母而言，"隐私"常常会跟"见不得人"画上等号，父母无法容忍孩子有自己的隐私，也会忍不住想偷看孩子的隐私。这种行为只会使双方矛盾更加激化。

亲子沟通的前提是互相尊重。不但孩子要尊重父母，而且父母要学会尊重孩子。父母不能把孩子视为自己的私有财产，或者是替自己圆梦的人，更不能随意侵犯孩子的隐私。当父母的要改善跟孩子的关系，就要学会尊重孩子。

比如看到孩子藏日记本，可以用适当的语气、表情、动作来表达自己的态度，给孩子安全感——

"总觉得你还小，才发现你已经是大小伙子了，以后我会征得你同意再进来。"

"你最近是不是遇到什么难题了？只要你愿意，随时可以找我，我是你永远的'树洞'，能保守秘密的那种！"

"当年我有秘密就怕被别人看到。当时我就想，以后绝对不让我的孩子藏日记本，我肯定不会偷看。"

"是不是有小秘密了？谁还没点秘密啊，我也有！放心，在咱们家，咱们的秘密都是安全的。"

"虽然你已经是个大小伙子了，但你永远是爸爸妈妈想要保护的孩子，不管发生什么事，都可以随时来找我们谈！"

　　父母是孩子的第一任老师，孩子与父母的相处和沟通之道，都从父母的引导模式中学习而来。因而，父母对待孩子的态度，将会对孩子的成长和以后的行为方式产生深远影响。尊重孩子的父母，同样会赢得孩子的尊重，父母越尊重孩子的隐私，就越能拉近与孩子的距离。当孩子遇到问题，想要倾诉的时候，就会第一时间想到父母，会把父母当成朋友，主动找父母交流。

你说一句，我顶你十句

不知不觉间，儿子就长大了，变得越来越特立独行，说起话来一套一套的，让人听得一愣一愣的。他有了自己的想法，不再依赖父母，也不再是那个父母说什么就是什么的"乖宝宝"了。

父母在欣慰的同时，又免不了有隐隐的失落。自己付出那么多心血，想让他做点什么事，简直比登天还难：你催一催，他就动一动；更多的时候，是你催多少次，他都一动不动。最让人生气的是，你让他往东，他偏往西；你说他一句，他就回你十句。唇枪舌剑中，你的血压也随着声调一路飞速飙升，越说火越大，越说声调越高——

"这么简单的题都能错，这都错多少次了！"

"每次考试都是各种理由考不好，你还能干什么？"

"写作业还得让人催！就那几道题，你是准备写到半夜吗？"

"我说一句，你就回十句，你怎么那么多废话！我说这些话又是为了谁？难道我会害你？我还不是为了你好！"

你情绪激动地越说嗓门越大，可儿子的脸色也越来越难看。他像是浑身上下长满了刺，站起来比你高出一头，回嘴的嗓门也比你高一个八度，你说一句，他就有十句等着，说的话也句句"扎心"——

"想说我笨就直说，别拐弯抹角的！我笨也是你们遗传的，基因改变不了，你们也别指望我能变聪明！"

"每次题目都不一样，我用得着找理由吗？我承认我是废物，啥也干不了，我以后出去要饭不用你们养，行了吧！"

"你以为这几道题很容易吗？我要是会做早做完了，考试也早考高分了！我笨，正在想，别打扰我！我写到半夜也肯定给你写完，不要催了！"

"你骂我就行，我说话就是废话，你们怎么那么双标？求你了，你别为了我好，让我自生自灭，行吗？！"

父母悲哀地发现，儿子那些能说会道的"本事"，全被用来对付自己了！在激烈的对峙中，父母和儿子都"据理力争"，似乎一定要吵到对方"哑口无言"，一定要让对方毫无还击之力，一定要比对方多说一句，好像谁多说了那一句，谁就取得了最后的胜利。可惜说得越多情况越糟，很可能会出现攻击对方或者摔门而出、离家出走，甚至更坏的结果。

这场争执没有赢家，父母和儿子注定"两败俱伤"，矛盾进一步升级，隔阂进一步加深，不是陷入"冷战"，就是"战火"又起。

这个时候的争执，归根结底，是父母和孩子双方的沟通方式出了问题。父母和孩子想要表达的，并不是正确的思想，而是被误解的负面情绪；双方进行的，也不是观念的沟通，而是情绪的释放。父母和孩子都没能好好说话，这是造成争执的根本原因。

说话方式不对，就会出现"火从口出"的情况，当情绪的较量越来越激烈，就会失去控制，失控的情绪又会造成一方或双方拒绝沟通。因而，当出现矛盾时，父母一定要保持情绪稳定，才能避免"沟而不通"现象的发生。

比如最容易引起争执的学习问题，父母要学会换位思考，站在孩子的角度考虑问题，引导孩子进行沟通——

> "最近是不是遇到了什么难题，看你好像心情不太好，能跟我说说吗？"
>
> "听说新学期作业挺多，你觉得难不难，写这么多作业会不会熬夜啊？"
>
> "考试就像升级打怪，学习就是储备武器弹药。这次考试，你跑赢了多少人？"
>
> "能快速反驳说明肚子里有'货'！没想到你居然有隐藏的思辨能力，来来来，快跟我聊聊怎么做到的。"

青春期的孩子对独立的渴望无比强烈，他们不再事事依赖父母，父母也要讲究"沟通之道"，要肯定并且鼓励孩子敢于抉择、勇于承担，还要尽量以平等的态度，对孩子的处事方法提出参考意见和建议。

遇到各种矛盾时，父母要时时提醒自己"冲动是魔鬼"，要控制住情绪，和孩子相互理解，寻求矛盾的解决之道。

动不动就要离家出走

　　家里那个可可爱爱的宝贝进入了青春期，你非常担心，总怕他会"长歪"了。他活泼好动，你怀疑他有"多动症"，还会教训他；他上课时跟人说话，老师把你叫去"训话"，你嫌弃地让他闭嘴、没事少说话；他有许多爱好，占用他太多时间，你一看到他在摆弄这些"才艺"就会喝止，"押"着他去写作业、上课外辅导班……

　　不知道从什么时候开始，那个会向你撒娇、跟你亲近、整天围着你叽叽喳喳说个不停的小家伙，变成了冷漠、疏离，甚至总爱跟你对着干的"刺儿头"。一到周末和假期，家里就变成斗智斗勇的"修罗场"，一言不合他就能和你吵起来、跟你"冷战"，甚至会悄悄离家出走。

　　你吓出一身冷汗，又是报警又是发动亲友一起帮忙找人，当接到警察的电话、千恩万谢地领回这个想要摆脱你和家庭"牢笼"的"神兽"时，一时间各种复杂情绪一起涌上心头，最终化成一股恨铁不成钢的无名火，你冲上去抓住他就想揍一顿——

> "你知不知道自己惹了多大麻烦，丢不丢人？让这么多人找你！"
>
> "我辛辛苦苦把你养大，供你吃供你喝供你上学，刚长大就想跑了！"
>
> "翅膀硬了啊，敢离家出走了？下次再敢往外跑，看我不打断你的腿！"
>
> "家里哪儿不好了，你要离家出走？你能到哪儿去？你知不知道家里人多担心？"

你内心满是后怕和焦急，怒气更是直冲脑门。可惜，那个被警察寻回来的臭小子毫无悔意，甚至梗着脖子硬邦邦地跟你顶嘴——

> "谁让你们找我了？嫌我麻烦还把我找回来！"
>
> "那你干吗找我？我走了，你也就不用再辛苦了！"
>
> "你打你打！整天不是骂就是打，你现在就打！"
>
> "你不是天天让我滚吗？我都滚了，你还管我干吗？"

看他斜着眼挑衅地瞪着你，听着他恶狠狠地说出这些话，你只觉得内心五味杂陈，说不清是痛心还是愤怒，还夹杂着深深的无奈感。他不重视学习，也不够努力，你多说了几句他至于就离家出走吗？

青春期是孩子快速成长、自我意识萌发并进行自我探索的过程，他已经认识到学习的重要性，也有了压力。据统计，至少有 1/3 的孩子会觉得功课太多、压力太大，他不是不想努力，而是已经到了强弩之末，会觉得上学很累，会忍不住想哭、想放弃，甚至想自杀。如果父母不停地施压，就会适得其反，压倒他的可能就是你的催促和唠叨。

身体在快速成长发育，心理还不够成熟，这是青春期的一个明显特质，突出表现就是孩子很容易叛逆和对抗。这种对抗会导致他厌恶学习、厌恶家庭和学校，最终承受不住时，就会逃离，离家或离校出走。

作为父母，要帮助孩子度过这个特殊的阶段，要接受孩子的转变，学会真正关心孩子，特别是要学会跟孩子好好说话——

> "平安回来就好！冷不冷，饿了吧，要不要吃点东西？"
>
> "我们也是第一次做父母，也要不断学习。你以后有事不要一个人躲出去，可以找我们商量，让我们帮助你。"
>
> "我要向你道歉，不该逼着你学习，给你太大压力。以后只要你尽力了，成绩好坏我都不会责怪你。"
>
> "你的基础不牢，所以学起来才会很吃力。要解决这个问题，最重要的是想办法打牢基础。你看这样行不行……"

对孩子而言，家应该是避风的温暖港湾，他在外面遇到了困难，回家跟父母说说苦恼和委屈，就会充满力量和自信地去迎接外面的狂风暴雨。但很多时候，父母都会恨铁不成钢，看到孩子成绩滑坡就非打即骂，和孩子之间缺乏必要的沟通。孩子在外面受了委屈，回家还要面对父母狂风暴雨般的批评和责难，就会抵触和抗拒。在长期被父母指责、批评甚至贬低时，他想要逃离这个让他窒息的环境。

教育是一项长期而艰巨的工程，最忌粗暴管理。青春期亲子矛盾主要是父母和孩子在认知上存在隔阂和偏差。父母要关注孩子的身心健康，严格管理，理性疏导。

能不能让我自己做主

进入青春期，原本听话的孩子变得越来越"拧巴"，本来完成作业可以玩会儿游戏，他非要先玩一局游戏再写作业；每天早上他不按时起床，但是起晚以后发脾气怪你没早点叫他；文理分科你建议他选理科，他非要选文科，你买资料让他提前做准备，结果他又反悔说要选理科……

你发现，只要你觉得对、想让他做的事，他一定会反对；你觉得不好、不想让他做的事，他一定要试一试。就连说话，他也一定要多说一句，似乎最后一句话由谁说出来，谁就取得了最后胜利。这种冲突越来越多，无论大事小事，你只要一插手，他就觉得你在干涉他的自由，你让他往东他偏要往西，什么都要跟你对着干，主打一个"叛逆"。

你可以忍受他的无理取闹，却不能眼睁睁地看他拿自己的前途开玩笑。他事事都要跟你拧着来，跟你对着干，你终于忍不住，开始吼他——

"你懂什么！我吃过的盐比你吃过的米还多，为什么不按我说的做？"

"你废什么话！我让你这么做还不是为了你好，怎么就那么不懂事！"

"你犯什么蠢！非要按你自己的主意来，以后出了问题谁帮你解决？"

"你胡闹什么！有好走的路不走，非得走弯路碰得头破血流，傻不傻？"

他特别不耐烦地打断你的话，像只捍卫自己领土的小狮子，声调比你高，语速比你快，愤怒无比地冲着你嘶吼——

"这也不让做，那也不让做，你什么都不让我做，我永远也不可能会懂！"

"为我好就别管那么多行吗！我都多大了，这些事我完全可以自己做好！"

"我自己的问题可以自己解决，你能不能别什么事都非要来插一脚？"

"你连走都不让我走，我怎么知道路是直的还是弯的？我宁可走弯路，也不愿意什么都被你们管着！"

你看着这个暴躁的大男孩，特别怀念小时候那个贴心的小宝贝。他长大后判若两人，动不动就焦躁地跟你吵闹，连你的关心也被他当成了干涉自由，看向你的眼神中都带着防备。你想化解冲突，越想越头疼：到底应该怎么跟他相处，才算是正确的方式呢？

青春期是孩子从幼稚走向成熟的阶段，他想要体现自己存在的价值，认为能够"自己做主"、拥有"决定权"才能体现出他已经长大了。

父母如果意识不到孩子的需求，用管教儿童的那套方法来管教他，他就会觉得自己受到了管束和阻碍。父母越是逆着他、管着他，他反抗的情绪就越强烈，管教他的父母更是会成为他眼中独断专行的"独裁者""统治者"。

如果父母能够对他充分理解和信任，给予他足够的自由和权利，他就能做出理性分析和选择。

青春期是决定孩子一生的关键时期，父母要尝试着理解他的感受、接纳他的情绪。因此，你不妨先从沟通开始，学会和孩子好好说话，让他感受到你和他站在同一条战线上，再给出关心式建议——

> "你可以先玩游戏，但时间不能超过 40 分钟。你今天有 3 科作业，全部完成至少需要 2 个小时。如果玩游戏超时，在 23 点之前你的作业就完不成了。"
>
> "我理解你的感受，赶紧上学去吧。今天晚上早点睡，明早我早点叫你。"
>
> "选科是你的'人生大事'，相信你会慎重选择。我给你找了资料作为参考，你可以好好研究一下。"
>
> "慎重选择，大胆尝试，不要害怕出错。距离高考还有一段时间，你可以查缺补漏，我做你的后盾。"

青春期的孩子为自己争取自主权利和空间，是正常的成长需要。父母要避免独断专行，不要试图剥夺孩子自主处理事情的权利，要学会转变角色，摸清青春期规律，跟孩子一起蜕变成长。

一人不高兴，全家别想好

自家孩子小时候就像得了多动症，经常被老师批评。不知道是不是被老师教训、批评得多了，他长大以后就像变了个人，天天愁眉苦脸，一开口就唉声叹气，看什么都不顺眼，各种挑剔——

你让他帮忙干点活，他总是要先发一通牢骚，一边干还要一边不停地唠叨，一会儿觉得脏，一会儿觉得累，一会儿觉得你在故意给他添乱。

你让他陪你出门，他不是不满天气不好，就是抱怨走路太累，还责怪你为什么不开车。

你带他看电影、逛公园，全家人一起吃个饭，他却嫌弃影院太小，觉得公园内的人太多，还投诉服务员上菜太慢。

既然不开心，那就让他回家学习吧。结果他又开始抱怨老师留一堆作业，写都写不完。你问他老师平时是怎么上课的，他又开始滔滔不绝地"吐槽"老师讲课太啰唆，讲半天也讲不到重点，让人想睡觉……

这个只有十几岁的孩子，就像个得了健忘症的老年人，喋喋不休地怨天尤人。你听得烦躁无比，气呼呼地冲他大声喊着让他安静一会儿——

"好了好了，你快闭嘴吧，别浪费时间叨叨了！那么多作业，还不赶紧去写！"

"你怎么每天都有那么多牢骚？我看你就是太闲了，多找点事做你就不会胡思乱想了！"

"一回家就可以吃饭，衣服也不用你洗，零花钱也不缺你的，你只要上课学习就行了，有什么好烦的？"

"天气不错，景色也不错，在外面吃吃饭、散散步、看看电影，这是多么美好的一天啊，你到底在烦躁什么呢？"

"我看你就是一天天没事找事，你好好反省反省，男孩子别总小肚鸡肠的，啥都干不好还矫情得要命！"

你的话还没说完，他就突然又不高兴了，脸往下一拉，转身就往房间走，边走边怨气冲天地嘀嘀咕咕——

"好，我闭嘴！请继续无视我，别管我说什么都不要听！就知道让我写作业、写作业！我这就去写作业行了吧！"

"行，你说得对，不用管我！我就是闲的，你们就给我安排活儿吧，安排一堆永远也干不完的活儿，累死我算了！"

"对对对，你们都对！我就不应该有烦恼，就应该好好学习，每天只会上课、下课、做作业！"

"好好好，世界多美好啊，天那么蓝，地那么绿，我们这么幸福，以后我就永远闭嘴，什么也不跟你们说！"

"是，我就是个失败者，我就是什么都做不好，我这就去反省，我去检讨，我去好好学习，天天向上！"

这些阴阳怪气的话，哪里像是在反省，这分明是不服气。一个大男孩怎么整天这么多负面情绪？你带他出门游玩、给他建议，尽力帮助他，结果他负面情绪更强烈了，到底要怎样才能让他正常呢？

青春期的孩子内心敏感，情绪很容易产生波动，当他遇到烦恼时，就会通过抱怨来引起父母关注，借此向父母发出求助的信号。无视他的抱怨、对他敷衍，他的负面情绪找不到出口，他就会变得冲动暴躁、消极、抱怨，让事情变得更糟。因而，父母如果听到孩子抱怨，要多从孩子的角度考虑他的感受，帮他疏解内心的负面情绪。

比如听到他的抱怨时，可以这样说——

"你很生气，是不是发生了什么事？跟我说说吧。"

"生气是一种很正常的情绪，这是一种很好的宣泄方式。没关系，你想说什么都可以，我在听。"

"你很敢于表达、善于表达，这是个好习惯，能更好地解决问题。你把想说的问题表达出来，我们一起解决。"

"你有了问题肯向我倾诉求助，这是一个很好的现象。你慢慢说，没关系，等你冷静了，我们继续沟通。"

"所有问题都有解决的办法，你不用有太多顾虑，发泄出来是为了解决问题，还是要尽量理智下来。"

孩子的抱怨，有时候并不是真的让父母立刻帮他解决问题，而父母对孩子的真正理解，也不是在他抱怨或愤怒的时候给他提意见、教他怎么做，而是耐心倾听他的表达，让他宣泄疏解负面情绪，再和他一起找到烦躁的原因，想办法解决问题，使他逐渐摆脱爱抱怨的不良习惯。

全世界都与我为敌

进入中学后，学业越来越重，父母努力为孩子做好后勤工作，每天为他做好饭、洗好衣服，甚至连房间的卫生都帮他打扫，他只要安心学习就行。父母说得最多的一句话就是"你好好学习，别的什么都不要管"。久而久之，他就真的什么都不干了，吃饭的时候也要你喊，他吃完饭把碗一放转身就走。家里的一切都围着他转，全家人都怕影响他学习，电视也不敢看，音乐也不敢听，连说话声音也不敢太大。平时家里来客人，他连招呼也不打一个。

他对什么都不关心，似乎一心学习，但他学习成绩并不理想，跟同学老师的关系也不好。老师反馈，除了自己的事，他对什么都漠不关心，还会经常因为琐事和同学发生冲突。而这些冲突的起因，大多是他觉得别人不重视、不关注他，没有按他的要求去做。老师希望你能开导他，让他多跟同学沟通交流，处理好关系。

你意识到了问题的严重性，非常严肃地让他过来聊聊，他却很不耐烦地拒绝了。你的火气一下子就上来了，开始下达命令——

"你给我老实坐下，怎么越大越不懂事！我跟你说句话还得求着你是吗？"

"我平常是怎么教育你的，我让你对谁都爱搭不理了吗，让你跟父母长辈说话都这么没礼貌了吗？"

"你会不会好好跟人说话？你的同学老师一跟你说话你就怼人家，看看现在还有人想跟你说话吗，看看你现在有几个朋友？"

"把你的臭脾气好好改改，学着跟同学们好好相处！你看看你现在什么态度，知不知道大家对你意见有多大？好好反省反省吧你！"

他不情不愿地坐下来，特别不耐烦地听着你的训斥，还翻了个白眼。你的话音还没落，他就用非常不屑的语气开始反驳你——

"我做错什么了你就开始凶我？我没有听你的话、没有好好学习吗？"

"不是你让我好好学习什么都不用管吗，他们让我打扫卫生、摆桌子，纯属浪费时间！"

"他们什么都不懂，我还跟他们废什么话？他们总是找我麻烦，还不让我说啊？他们对我有意见，是嫉妒我吧？"

"老师一开始挺重视我的，就是因为他们老拖后腿，老师也不怎么关心我了。既然他们成绩没我好，为什么我要跟他们交朋友？"

当老师委婉地表示孩子太过以自我为中心的时候，你还是有点不太相信的，听了他的话，你终于相信了。他就是明晃晃地告诉你，你们就应该都听我的，都应该为我服务。这种态度让你感觉非常不舒服，更何况是别人了。

孩子进入青春期以后，自我意识开始觉醒，特别是父母摆明了全家都会为他服务的态度，他更加有恃无恐，觉得你们就应该都围着我转，全世界就应该以我为中心。

孩子把自己作为人际交往的中心，觉得自己是焦点和中心，这种性格形成跟家长和周围人的影响密不可分。孩子一直是全家的重点，他就以为，别人都应该注视他、关注他、欣赏他，当他觉得自己很优秀时，别人也应该觉得他很优秀；当他觉得某件事不对、不喜欢某种东西时，别人也应该跟他感受相同。一旦事情的发展跟他以为的不一样，他就会觉得全世界都在与他为敌。

可悲的是，这种观念还是父母灌输给他的，如果父母想要纠正过来，就会非常困难。所以父母要学会有技巧地沟通，保持情绪稳定，遇事冷静理智处理，最重要的是要学会跟孩子好好说话。

比如在孩子特别自我这件事情上，父母就应该坦诚地跟他说明这件事情的严重性，说明对他的期望。父母可以这样说——

"下面我讲的这件事，对你来说就跟学习一样重要。我们人类为什么要群居生活？因为个人离不开社会，所以个人就必须学会跟其他人打交道。你也要学会跟人交流。"

49

"我平时把你当大人一样平等看待，你觉得我很尊重你，所以愿意跟我说话。别人也是一样，你跟人说话时，首先要学会尊重别人，对方才会愿意跟你交流。"

"你和同学所在的班级就像是一个小社会，每个人都有不同的任务，大家分工合作才能共同完成任务。你得积极参加班级活动，跟大家一起配合'作战'才行。"

"你们班同学都很优秀，你成绩好，同学们有其他特长，你要学会发现别人的优点，取长补短，共同进步。"

　　孩子在成长过程中，如果固执己见、唯我独尊，父母就需要警惕了。父母不要过度溺爱、过度偏袒孩子，也不要给他搞特殊待遇，不要使孩子养成一切由父母代办、包办的习惯，更不能让他过分懒散。父母也要多跟学校沟通，不能一切以成绩为主，其他一切事情都不去体验，也不去感受，以免他自私自利、以自我为中心，习惯高人一等，对他以后的为人处世将会贻害无穷。父母发现这些苗头一定要及时引导纠正，帮孩子将心理调适到正常轨道，使他健康成长。

Part 3

兵荒马乱"内心戏"

孩子总会长大，青春期就是孩子从儿童到成人的过渡，在这个阶段，孩子生理和心理都发生着变化，如凤凰涅槃般在痛苦中重生，他原本和平的内心世界，也变得一片"兵荒马乱"。

其实在孩子的成长过程中，欢乐、痛苦、矛盾、纠结等诸般情绪一直未曾缺席。青春期的问题在青春期之前就早已存在，青春期只是一个"放大器"，在这个特殊的阶段把所有的问题一一放大。

在这个突如其来、颠覆性的变化过程中，父母和孩子一样，显得那样手足无措。孩子为了宣布"独立"，会跟父母对抗，父母只能马不停蹄地开始各种教育，如果父母不理解孩子，孩子放弃跟父母沟通，这就是一场没有赢家的"战役"，双方水火不容、两败俱伤，跟父母的初衷背道而驰。

青春期就像一场来势汹汹的疾病，虽然看起来很严重，甚至感觉已经不可收拾，但实际上并没有发生"器质性病变"，只要父母及时纠正、耐心引导，一切都能重归平静。

父母要跟孩子沟通，发现他身上潜藏的问题，培养他健全的人格，建立良好的亲子关系。

沟通是个"技术活"，父母对待青春期的孩子，要像对待成人一样坦诚、直接，要让他知道：如果想要像大人一样被公平对待，就要成为一个真正的"大人"。只要你有足够的耐心，让他经历成长的苦痛和喜悦，在适当的时候给予他引导，你就能见证他的蜕变和成长，他最终会变成那个他理想中想要成为的、成熟的大人。

从"兵荒马乱"的青春期走过，每一个男孩都是勇敢的"幸存者"。

卷什么卷？就想"躺平"

　　孩子进入不错的学校，和许多优秀的同学一起学习，父母本来很欣慰、很开心，可是开完家长会，到校园荣誉榜前转了一圈，再听老师激情澎湃地介绍完优秀同学的获奖情况后，就怎么也开心不起来了。

　　看着"别人家的孩子"次次名列前茅、各种奖项拿到手软，父母开始忧心忡忡：万一老师讲课孩子听不懂怎么办？万一班级排名孩子成绩垫底怎么办？万一以后中考、高考无学可上、名落孙山怎么办……

　　时不我待啊！父母赶紧给孩子报各种线上线下的课外辅导班、找名师进行 对一辅导，还要制订各种学习计划，把他的假期、周末和课余时间安排得满满当当。可是课外班报了，钱花了，课也都上了，他的成绩却丝毫不见起色。不管是课上还是课下，不管是考试还是竞赛，他永远都是一副兴致索然的样子，没有竞争的激情，更没有奋斗的欲望。到底是哪里出了问题？你越来越烦躁，忍不住唠叨个不停——

"磨蹭什么呢？马上要月考了，还不抓紧时间刷题！"

"又发什么呆？作业写完了吗？再去做一套卷子！"

"怎么还在看手机！别老惦记着玩，看人家××，成绩好还那么刻苦！"

"别人都在卷，你不卷根本不行！这场考试非常重要，成败在此一举，你不奋斗能行吗？"

一向很乖、很听话的儿子听从了你的安排，貌似在很用功地学习，可他小声嘟囔的话一句不落地传到你的耳朵里——

"早测、午测、晚测，周考、月考、期末考，每天都考试，哪天没抓紧？"

"作业永远写不完，卷子永远做不完，我这哪里是发呆，分明是目瞪口呆！"

"又是别人家的孩子！天天羡慕他们，他们难道不打游戏、不看手机？"

"哪场考试不重要，大惊小怪！反正最后谁也别想活着离开这个世界，卷什么卷？'躺平'不香吗？"

父母简直不敢相信自己的耳朵，才十几岁的儿子，就已经这么淡然地决定"躺平"了！看着周围大部分孩子都在忙着自习、提问、讨论，为了考试忙得热火朝天，再看看"与世无争"的儿子，真是焦虑万分。

父母之所以看不惯孩子，大多时候，是因为期望过高，总是要求孩子这样做、那样做，孩子不肯，或者做不到，父母就要给孩子施加压力，结果往往达不到预期，甚至会与你的初衷背道而驰。

你期望孩子成绩优异、多才多艺，希望他能过关斩将、一帆风顺地闯过考试、升学等一道道关卡，也希望他能自律、高效地学习，还希望他能成为人人艳羡的"别人家的孩子"，为你争口气……孩子没能像你期望的那样勤奋努力，你恨不得替他去学习；他不管做什么，只要跟学习无关，你就忍不住一直催促他赶紧去学习。

焦虑是会传染的，青春期的孩子本就情绪容易波动，再加上学习和考试的压力、父母过高的期望，这一切叠加起来，孩子也会觉得喘不过气，容易出现逆反心理：随便你怎么催，哪怕你急得像热锅上的蚂蚁，他依旧不紧不慢、我行我素，摆出一副"躺平"的姿态。

对青春期孩子的教育，父母需要"退"一步，适当地"放权"，在沟通时，更要调整好自己的情绪，让孩子感受到你的信任和支持——

"这次月考成绩比上次高了不少，你想怎么庆祝？"

"这次考试你的语文进步了不少，作文分数也挺高，说明你平时功夫没白费，学习方法见效了，继续努力。"

"你物理比较薄弱，是哪一部分的基础没有打好？有没有什么办法可以让成绩提升？需要我们帮你做什么吗？"

"比上次考得好，这就是进步。不管成绩好坏，爸爸妈妈都会永远爱你，期待你越来越好！"

父母要明白一件事：学习是孩子自己的事，成长也是。

不管是学习还是成长，成功还是失败，种种感受，都应该是孩子自己的，也应该让他自己来体验，而不是让他体验父母的感受。

如果孩子完全处于被动状态，就会觉得自己的"选择权"受到了威胁甚至被剥夺了，他要么反抗，要么忍受。"反抗"会被认为是"叛逆"，可能迎来更大的压力，于是，他便会默默忍受、毫无激情地"躺平"。

父母一定要学会接纳"长大"的孩子，要以孩子的视角看问题，尊重他的"选择权"，平等地与他对话沟通。

父母还可以提供一些方法和技巧，让孩子重拾信心，重燃激情。

差不多就行，就是很"丧"

　　本来还挺爱学习、挺活泼开朗的孩子，进入青春期后就突然变得很消极、很"丧"，不管干什么事都心不在焉，上课经常走神、睡觉，时不时地翘课。成绩下滑，不爱学习，老师跟他谈话也不管用。

　　他回家后就把自己关在房间里，哪怕是遇到了问题也不愿说，不管你是批评他还是表扬他，都只能换来他漫不经心的敷衍。

　　他经常对着电脑或手机看好几个小时，有时候在玩游戏，有时候在跟人聊天，有时候还会研究电竞规则，似乎就是借助玩电脑或者玩手机来逃避跟人说话。即使你生气没收了他的手机，他仍满不在乎。你试着跟他聊天，他又像个锯了嘴的葫芦，一言不发。

　　看着他这个样子，不满的话你就忍不住对着他说个没完——

　　"你耳朵是不是有毛病，跟你说话没听到啊？"

　　"看你吊儿郎当的样子，你不学习还能干啥？"

"你就破罐子破摔吧，这辈子早晚让你折腾玩儿完！"

"看看你的同学，再看看你，你到底想干什么？这一辈子就这样了？"

"给你手机、电脑是让你学习的，你玩游戏有什么用？再玩都给你砸了！"

你越说越生气，可不管你怎么生气，他仍然是那副无动于衷的样子，偶尔面无表情地顶撞你两句，每句话都能分分钟把你气个半死——

"能不能别唠叨了，你就当我是个神经病好了！"

"你就死心吧，我就是个学渣，差不多得了！"

"我这辈子就这样了，碌碌无为，扫大街、捡废品都能挣钱，饿不死！"

"别跟我提任何人，我跟他们不是一路人，这样挺好的。"

"砸吧。玩游戏怎么了？玩游戏还能赚钱呢。考上大学也不一定比我玩游戏挣得多，好好学习有啥用？"

你希望他能冲击下名校，有个好前途。他的话让你尴尬地发现，所有的美好愿望，都不过是你自己"一厢情愿"罢了。眼瞅着孩子有了厌学情绪，你又该拿这样的孩子怎么办呢？

青春期的孩子开始有意识地思考并探寻自己的人生方向，但思想不成熟，很容易被外界环境影响、被各种情绪左右，尤其是一些消极情绪的影响特别大，如果孩子心理素质比较差，就会变得悲观、不自信。

中学阶段需要良好的学习习惯和自我管理，否则，很容易成绩滑坡。一旦成绩不理想，他就会找不到方向和目标。再加上看到有些人大学毕业却找不到好工作，就会得到"学习无用""人生毫无意义"等消极心理暗示，给自己逃避、退缩、碌碌无为的行为寻找一个说得过去的理由。

青春期的孩子需要理解和引导，而不是指责和谩骂。要维系良好的亲子关系，就要和孩子进行理性而有效的沟通，好好跟孩子说话——

"我问了老师，你的成绩上本科没问题。你有自己的想法，想对自己负责，我感到很欣慰。聊聊你的想法和规划吧。"

"你对电竞很感兴趣对吧？职业玩家既能玩游戏又能挣钱，是个挺不错的职业。但他们的职业生涯一般只有3—4年，很少有超过25岁的，看下这些资料……"

"确实有许多人没上大学也有不错的成就，但即使不上大学，也不能不学习，他们成功的背后付出了更多的艰辛和努力。来看看他们的经历……"

"读书、考大学其实是一条成功的捷径，高考是目前最公平的竞争方式。没读书而取得成就的人毕竟只是少数，更多的人还是要通过高考，才站在了一个比较高的起点上。你可以看下这些资料……"

父母希望孩子理解自己的苦心，孩子同样希望能从父母那里得到理解和鼓励。父母要从孩子的角度出发，和孩子进行交流，帮助孩子解决实际困难，让他迈过成长中的这道"坎"。

我干什么都不行……

青春期的男孩并不都是叛逆的，也有从不给父母找麻烦的。做父母的看到别人家都在为了管教孩子变得鸡飞狗跳，不禁暗暗庆幸：幸好自家孩子从不让人操心。但很快，你就发现，自家孩子似乎也有不少问题。

他似乎什么运动也不喜欢。班里活动能躲就躲，实在躲不开，他尽量坐在角落里。如果有表演或者发言环节，他总是低着头不敢看人，声音很小地快速说完就赶紧跑下台，一分钟都不愿意出现在别人的视线中。别人家的孩子总是想着往外跑，可他除了班里活动基本不出去，即使出去也会很快找借口离开。他在班里没什么存在感，不爱说话，更不主动回答问题。在家里他也是把自己关在房间不出来。

他从来不会主动跟你交流，你跟他说话就像是在"逼供"，说着说着，你就着急了，声调也跟着高了起来——

"你说话的时候能不能声音大点？你一个大小伙子，声音又细又弱，说话跟蚊子叫一样，谁能听清楚你说的啥！"

"你看人家那些打球的男生都长得又高又帅，你又黑又矮，还不赶紧去打球锻炼锻炼，等啥呢？"

"你看你那些同学，人家落落大方地上台参加班干部竞选，大家公平竞争，你到底在怕什么？"

"你这么大个子，胆子怎么这么小？哆哆嗦嗦的，连话都说不清楚，你以后还能干啥？"

他安安静静地听着你训斥，一声不吭，你声音大了他还会浑身哆嗦。被你逼问急了，他才磕磕巴巴地回你几句——

"我，我，我声音不好听！"

"不行，打球我不行，我打不好！"

"我做不了班干部，我哪行，我不行的！"

"我就是紧张，我说不好，哎呀我可真笨！"

你不逼他学习，不逼他上课外班，鼓励他交朋友，他想学什么你都会尽力支持。他以前说话声音挺大，你还经常让他声音小点。他以前还会经常在网上聊天，你训了他几次以后他就再也不聊了。他个子矮，不愿意跟个子高的同学往一块儿站，你就经常催他锻炼，甚至要带他去求医问药，还找了很多矮个子明星、名人的例子来鼓励他。你看不得他畏畏缩缩的样子，可你越喊，他就越胆小。你觉得自己已经尽力了，你真不知道自己哪里做错了，为什么他会变成现在这个样子。

家庭是孩子最放松、最依赖的地方，父母是孩子最信任、最崇拜的人，孩子进入青春期后，会对自己的外貌、学习成绩、才艺等各个方面特别在意，在他最熟悉的环境中，他最信任的你不经意的一声吼叫、你脱口而出的一句责骂，可能就会成为影响孩子的消极暗示，成为他无论怎么努力都摆脱不了的心理阴影。父母的责备和贬低是对他的一种否定和批判，这种"被歧视感"会成为他内心挥之不去的阴霾，这种消极影响会让他变得胆怯、不敢尝试、不敢有想象力、没有冲劲。

你根本想不到，孩子性格形成的根源竟然在你身上。合格的父母，要学会控制自己的情绪，不对孩子进行情绪宣泄，要给孩子输送正能量。

要想让孩子正向成长，变得乐观自信，父母就要给孩子最温暖的正能量。家庭成员间最好的教养，就是保持情绪稳定、能好好说话——

> "老师说你今天主动发言了，表现很积极，还夸你声音好听呢。都说了什么，能不能跟我也说说？"
>
> "咱们每个周末都去打篮球吧，你打球非常帅，打篮球还能长得更高呢！就从这周开始怎么样？"
>
> "你又细心又负责，画画还很厉害，可以竞选一下生活委员或者文艺委员，其实竞选班长也可以的。去试试吧。"
>
> "你刚才说的话条理清晰，内容也很有意思，要是声音再大点就好了，显得更自信、更有气势。你觉得呢？"

优秀的孩子是夸出来的。孩子最初的自信心和安全感，都来自其最信任的父母亲人，他在某个时期的沮丧、自卑，都只不过是暂时迷失了方向。父母要帮助孩子重塑自信，就要帮助孩子从行动中获得满足和动力，让孩子跟"我不行""我不配"的情绪告别。适度的肯定与赞美，是引导孩子变得更加努力而自信的重要途径。

"玻璃心"一碰就碎

孩子一直在被夸奖和被赞扬中长大，没想到，他越长大脾气变得越古怪，受不得一点批评，自己错了也不让人说，话说得稍微重一点，他就开始哭闹，简直是打不得、骂不得。

进入青春期后，他更是变本加厉地折腾。在人多的场合，他就会变得非常兴奋，很积极地表现，受到冷落就会脸色很难看，说话也会变得很"冲"。他总爱用一种老气横秋的语气评论别人，他不会看别人脸色，也不会照顾别人的感受，像看透了人世间的人情世故一样，用一种"很懂""很了解"的态度来发表意见。他完全接受不了别人的意见和建议，会很激动地反驳，甚至会说一些很难听的话。他喜欢把话题紧紧围绕在自己身上，如果被人打断、批评，他又会变得非常沮丧。他喜怒无常，根本无法融入群体活动，这也让他的脾气变得越来越大。

他很蛮横，一句话不合心意就会发脾气。老师表扬了别人没表扬他，他会不高兴；考试分数没有同桌的分数高，他会撕了试卷不跟人家说话；评选先进没被选上，他会急得掉眼泪，口不择言地攻击别人。你本想安慰他，结果他冲着你大发脾气……

看着他歇斯底里的样子，你觉得他越来越不可理喻。你的耐心一点点被耗尽，劝他的话说着说着就变了味道——

"你怎么这么小心眼！老师表扬别人怎么了，你下次表现得更好不就行了，瞎嚷嚷什么！"

"你真是'玻璃心'！一次周测而已，你居然撕了试卷！你看看你同桌，人家那么努力，怪不得能考高分！你还不赶紧向人家学习。"

"你居然这么脆弱！老师说了，这次优秀生特别多，你没评上肯定是不够优秀，你还骂人家！"

"你简直不可理喻！大家都觉得你态度有问题，那你肯定有问题！天天挑别人毛病，你就没毛病？好好反省反省吧你！"

你本想让他冷静下来。但你的话对他根本没起到什么作用。他激动地摔着手边的东西，急得跳着脚对你大喊大叫——

"我才不是小心眼！我举手了，我举了好多次手，老师就是不叫我！我能回答得比那个人更好，老师为什么不叫我？为什么要表扬他？！"

"我一直很努力、很努力，你们为什么看不见？我是'玻璃心'，我同桌就是个'小石块'，我凭什么不如那个'小石块'？！"

跟孩子好好说话：正面对话青春期·男孩篇

GEN HAIZI HAOHAO SHUOHUA : ZHENGMIAN DUIHUA QINGCHUNQI · NANHAIPIAN

"我做了那么多事，为什么说我不优秀？那些人特别虚伪，他们弄虚作假，我就骂他们怎么了？我还要打他们呢！"

"我有什么问题？有问题的是他们！他们都没我表现好，你们为什么还要说我？你们太讨厌了！"

孩子动不动就暴怒，你简直要崩溃了！只是一些微不足道的小事，为什么这个孩子就非要揪着不放，把正常的生活搞得一团糟？他总觉得自己才是最优秀的那一个，遇到解决不了的问题，就只会发脾气，别人还不知道哪句话没说对，他的那颗"玻璃心"就已经"稀里哗啦"碎了一地。这样的孩子，父母要拿他怎么办才好？

青春期的孩子心理发育还不够成熟，自制力差、容易冲动，情绪也容易大起大落。尤其是那些从小就被众人夸奖、关注的孩子，因为被周围的人过度赞美，就不能全面、客观地看待问题。过高的期待，可能让孩子盲目自高自大，觉得自己无所不能，对自己有着过高的期望和更高的追求。但他的能力还不足以匹配这些远大的理想，容易出现眼高手低的情形。他遇到困难时就会否定、怀疑自己的能力，容易一蹶不振。"玻璃心"的孩子在遇到问题时，大脑做出的第一反应往往是消极、负面的，会有消极的行为表现。

孩子这种消极心态，跟他从小的环境有关，更跟父母对他的错误态度不无关系。要帮助他摆脱这种错误心态，父母需要正确引导，不"捧杀"，也不贬低，要保持平和的心态，对孩子客观评价，让他正确认识自己——

"我理解你的感受！老师每个问题都让你回答，别人就没机会了。比你差的同学也要得到表扬和鼓励，这样大家才能共同进步。你也听了别人的答案，你觉得谁的解题方法更简便？"

"你的努力我和老师都看到了！但努力不是一时的，要一直努力才能一直优秀。你同桌也在努力，所以这次成绩不错。但一次考试说明不了什么，要能一直坚持，才能笑到最后。你觉得你是不是笑到最后的那个人？"

"你当然很优秀！但你可以变得更优秀，光明正大地打败他们。游戏有规则，评优也有。你觉得打人解气，还是打败他们更让你解气？"

"你和他们都有什么问题呢？咱们列个表，把你说的问题都列出来，看看这些问题是不是真的存在，怎么样？"

　　孩子会"玻璃心"，是因为他的心理发育不健全，眼界不够开阔，逻辑思维也比较混乱。人对未知事物不够了解，就无法做出正确的判断，就不会有清晰的逻辑体系，就会产生焦虑、担心、害怕等各种不良情绪，会变得脆弱、敏感。要帮助孩子戒除"玻璃心"，就要帮他寻找问题根源，让他真正拥有正确处理问题的能力，树立积极的心态，为人生道路做好规划。

别跟我提"别人家孩子"

　　孩子进入青春期，越管越叛逆。做父母的想方设法把他引上"正路"：隔壁家孩子奥数竞赛得奖被保送上大学，你就暗戳戳地给自家孩子买了一堆奥数习题；亲戚家孩子代表学校参加重量级体育赛事，你拉上自家孩子逼着他每天跑步 5000 米，争取在学校竞赛中也取得好名次；发小家孩子考上了重点大学，你赶紧去问人家孩子报了哪些补课班，回来给自家孩子也报上……有样学样，紧跟这些榜样的脚步，总不会再错吧？

　　可惜，你的一番苦心，自家孩子像个毫不相干的外人，冷眼旁观，没事人一样一心只想着回家、吃饭、睡觉、打游戏……

　　真是"皇上不急太监急"，你气不打一处来，拉着他就是一通数落——

　　"你看隔壁老谁家那小谁，学习多自觉，你就不能向人家学学？"

"咱亲戚家那谁长得那么高，你看你这小矮个儿，还不赶紧去锻炼！"

"你同桌数学考了单科第一，总分年级前三，你怎么才考这么点分？"

"我朋友家孩子考上了'985'，你什么时候才能像人家一样争气啊？"

你向他一个个列举着身边的榜样，他却根本就不想听你的，你刚一开口，他就黑了脸转身就走，嘴里还嘟嘟囔囔不停地反驳你——

"我就是这么差劲，你觉得他好，让他给你当儿子好了！"

"什么都能怪到我身上，也不看你自己有多矮！我就长不高咋啦？"

"第一第一，就看得见第一，我那么努力你怎么看不见？那我就不学了！"

"动不动就提'别人家孩子'！赶紧让'别人家孩子'滚出我的世界，我永远都不想听到他的任何消息！"

你万万没想到，你找的"榜样"不但没能激发自家孩子的上进心，反倒引发了他的愤怒。你只要一提"别人家孩子"，他就表现得万分反感，甚至跟你发生激烈争执。你的本意是希望他"知耻而后勇"，可没想到他"知劣而退缩"，竟然失去了信心。你不禁反省，为什么自己会"费力不讨好"呢？

孩子的心理是敏感而脆弱的，父母交口称赞的"别人家孩子"，对他是一种巨大的压力，不但会影响他的心情，还会影响他的生活。

在他看来，你总是能轻易看到别人家孩子的优点，你的每一次比较，都是对自家孩子的深深伤害。他会觉得自己被忽视，却对他的长处视而不见。他会以为你对他不满意、觉得他不够好。他会认为自己不够重要、在你心里比不上"别人家孩子"。他的自尊心和自信心会因此受到极大打击和伤害，甚至会激发出他的"敌视"情绪。

父母的不认可，会让他产生"自己永远比别人差"的感觉，会让他觉得自己一无是处，甚至会自暴自弃。不管父母的动机和初衷有多好、制订的目标有多远大，只要不被孩子理解和接受，就意味着家庭教育的失败，而这种失败，多数时候是因为沟通不当造成的。

父母不要总盯着孩子的错处，不妨先从学着跟孩子好好说话开始——

> "最近很不错啊，完成作业很及时，学习也很自觉，值得表扬，奖励你一顿好吃的吧！"
>
> "周末要打篮球吗？好好练，打篮球能锻炼身体还能帮你长个大高个儿，这个运动项目很不错！"
>
> "这次考试进步不小啊，你最弱的科目都比上次多考了十几分！继续努力啊！"
>
> "每天进步一点点，就会向目标靠近一点点，日积月累，一定能考上心仪的大学。我给你做好后勤，一起加油！"

要应对青春期孩子的各种"叛逆"行为，就不要将孩子跟别人进行"横向"比较，而是要跟孩子的过去进行"纵向"对比，还要善于发现他的独特之处，帮助孩子树立信心，激励他更好地发挥聪明才智。

我的世界没人懂

家里有个青春期的男孩，感觉就像在身边放了一座"活火山"，随时都有可能爆发，当父母的小心翼翼，却还是一不小心就会"踩雷"引爆。可怜你根本不知道他什么时候会爆发，又有哪些地方是雷区，感觉青春期孩子的心理真是毫无规律可循。

他说要放弃学了很久的乐器，你觉得中学压力大，于是毫不犹豫地答应了，他却生气地把门摔得震天响，还在房间里用力弹奏乐器，留下你在"风中凌乱"：刚刚说要放弃的人是谁？他跟你抱怨功课很多很难，每次都考不好。你很大度、很亲切地劝他，考好考坏都不要有压力，成绩没那么重要。你的话还没说完，他转身就走，你莫名其妙地开始反省：明明是顺着他的话说的，难道是自己态度还不够真诚？你陪他打球，他兴高采烈地高高跳起后仰"耍帅"展示球技，你好心提醒他这个动作的危险性，他不屑地冷笑一声，把球一扔，你怎么劝他也不肯再回来玩了。

明明他上一秒钟还在谈笑风生，下一秒钟就因为一句话变脸，还拒绝沟通，你确信这不是自己的原因，终于忍不住爆发了——

　　"你给我回来！到底出了什么问题你明说，阴阳怪气地想干什么？"

　　"说！到底怎么了？说要玩的人是你，不想玩的人也是你，到底怎么回事？"

　　"我说错了吗？万一摔倒撞到脑袋，可能连命都没了，你到底懂不懂？！"

　　"成绩每次都那么差，不爱学习还天天耍脾气，真是惯了你一身臭毛病！"

　　话没说完，你就知道自己又"踩雷"了。果然，他又气又急，说话也像点了爆竹似的，又快又大声——

　　"谁阴阳怪气了？这还不够明白吗，还要我明说什么？说了你也不懂！"

　　"没怎么回事，就是觉得没意思，不想玩了！你既然不懂就算了。"

　　"到底谁不懂？我是傻子吗，玩个球都能把自己摔成植物人？"

　　"我就是成绩差，就是爱生气，就是这么差劲，你少管我！"

　　家有青春期男孩，做父母的真是足够卑微，你根本就搞不懂他为什么生气，原本是想方设法跟他拉近距离，结果一句话就把天聊"死"了。

你不知道问题到底出在哪里，到底要怎么样做才能跟孩子亲密无间地说话，了解他的想法。难道真是孩子的"叛逆期"到了，还是像他说的那样，你是真的一点都"不懂他"？

其实所谓的青春期"叛逆"，不过是孩子想要争取自己行为"控制权"的一种方式，孩子通过反抗父母，真正走向独立。青春期的孩子很关注自身感受，"自我意识"非常强，如果还用对待小孩子的那套方法，以问句开始，以斥责终结，或者用命令式的语言，就很容易引起他的反抗。如果你采用提醒或商量的方式，他就比较容易接受了。

父母不要把"聊天"变成"说教"，不要命令、不要质问、不要"否定"，要关注孩子的心理诉求，学会"共情"和"同理心"，跟孩子好好说话，才能真正了解他的需求，帮他解决难题、走出困境——

> "你学了这么多年乐器，弹得又挺好，放弃有点可惜。是不是遇到什么难题了？"
>
> "没考好肯定会很难过吧？这么多科目，有些科目考不好也在所难免。这次考试是哪些科目绊住你了？"
>
> "你居然会'三步篮'？太厉害了！来来来，跟我说说，你什么时候学会的。"

跟青春期的孩子聊天，千万不要把他当成小孩子，而要把他当成朋友一样，尊重他的看法，和他平等对话。父母要从细节入手，问一些简单的、一定会有答案的问题，引导孩子向你敞开心扉。此外，在沟通过程中，父母也要注意一些技巧和事项，才能让交流顺畅地进行下去。

Part 4

"又爱又恨" 的校园生活

"轰轰烈烈"就像是青春的专属名词，这四个字总会让人想到恣意妄为，想到"团体作案"，想到青葱岁月，想到那些终生难忘的校园生活。

那些老师拿着粉笔在黑板上"吱吱嘎嘎"写下题目的日子里，懵懂少年简单而纯粹、热烈而坚持地悄然成长——

他耐着性子坐在教室内读书、写作业，心情随着成绩的波浪线起起伏伏；他在操场撒欢，无尽的热情随着篮球飞起，在篮球落入篮筐的刹那间释放；他和同学成群结队，一个又一个通宵在看电影、打游戏中度过，无穷无尽的光阴被他豪迈地虚掷。

在父母眼里，这是一段让人为之头疼焦虑、提心吊胆、无计可施的难熬时光。"吾家有儿初长成"，父母一边自豪着，一边担忧着，感觉长大的孩子越来越难管教。

父母和孩子的关系变得很微妙，除了陪伴，还多了争吵。父母一直在尝试潜移默化地引导，让他爱上学习，尊重老师，多找些能够和他同行的小伙伴，如果志同道合，希望他们能强强联手，如果人各有志，也希望他们能在顶峰相见。

热热闹闹、鸡飞狗跳的青春期里，父母和孩子唯一相同的目标，可能就是中考、高考。考场上，孩子注定要一个人战斗，但考场下，父母一直在陪跑、陪战。这段向着同一个目标奔赴的日子，也成了改变亲子关系的关键节点。沟通可以打破隔阂，而父母的爱，可以让孩子无所畏惧、一往无前。

"开学综合征"

马上就要开学了，在暑假玩"嗨"的孩子开始夜以继日地狂补作业，情绪也随之变得低落起来，完全没有了假期的轻松和惬意。父母看着他着急的样子，除了数落几句，也只能骂他几句"活该"。

还有一天就要开学，他突然状况百出，一会儿肚子疼，一会儿头疼，一会儿浑身上下都不舒服，目的就只有一个——不想去上学。你当然不可能被他拙劣的"演技"骗到，但看着他的表演，还是不禁感到好笑。

开学这天，他情绪极其低落地被你"押送"到了学校，虽然百般不情愿，但仍然老老实实走进校园。

晚上放学回到家，他的情绪仍然没有得到多少缓解，他的作业不合格，有些科目甚至没完成，他接连挨了好几位老师的训斥，回家要继续补作业。

从那天开始，他的情绪就一直没好过，每天起床都很艰难，每天都要跟你重复说着不想上学，每天回来都会跟你诉苦说又挨训了。你觉得好笑之余，还会不时训他几句。

就要期中考试了，他越来越焦虑，晚上一直在复习，还会不时上厕所。你被他一趟趟上厕所的声音吵醒，非常不耐烦地教育起他来——

> "你怎么回事，不就是期中考试吗，你有必要这么紧张吗？"
>
> "行了行了，赶紧睡觉去吧，考不好就考不好吧，别大晚上折腾了！"
>
> "你能不能端正学习态度？平时上学都不愿意去，一到考试就想临时抱佛脚，能考好才怪！"
>
> "能不能好好睡觉？该学习的时候不学，现在知道着急了？我告诉你，晚了，赶紧滚回去睡觉！"

大半夜被吵醒，你非常暴躁，他被你训得更加焦虑了，带着哭腔一遍遍答应着你，最后终于哭出声来——

> "我也不想紧张啊，可我一想到明天的考试就睡不着觉！"
>
> "万一我考不好老师又训我怎么办？每次上课都被老师训，我真的很难过。我肯定睡不着了！"
>
> "我也想好好学习，可是我就是学不会啊！老师讲的我都听懂了，可每次一做题就错！我该怎么办啊？"
>
> "我这次考不好，就会更跟不上进度了，老师会更不喜欢我，大家也会看不起我，太可怕了，我真不想上学了！"

孩子的哭声中带着绝望，父母觉得可笑又心疼！没想到，他的"开学综合征"还没痊愈。你原本以为，他只是害怕被老师批评，才会产生焦虑，没想到这次他的"症状"持续的时间有点久，要怎么做才能帮他快速好起来呢？

所谓的"开学综合征"其实是一种情绪障碍，每个人在面对新环境时，尤其是从闲适的环境中猛然转换到高速运转的环境中时，心理适应起来会比较慢。青春期的孩子已经长大了，不能再胡搅蛮缠，面对自己不喜欢的事情，也只能被动接受。但孩子的生活阅历毕竟有限，许多在成年人眼中很简单、很容易的事情，在他眼中，可能会变得很苦、很难。

父母要接受孩子成长的时间和过程，不能用自己的感受来评判孩子的感受，更不能以自己的标准来衡量孩子的行为。

紧张的中学阶段要面临中考、高考，这些压力对孩子而言是从未经历过的，孩子需要对这种紧张的学习环境有一个适应过程。孩子要面对长时间的学习和练习，还要面对繁重的学习任务和各科多到似乎永远也做不完的作业，如果之前没有养成良好的学习习惯，孩子很有可能会跟不上老师的节奏，成为所谓的"差生"。

被"差生"的大帽子压着，再面临老师的指责、同学的歧视和父母的呵斥埋怨，孩子很容易产生自卑心理，对学习失去兴趣，对考试产生焦虑，甚至会产生各种心理问题。

家庭可能是孩子唯一可以放松的地方了，父母也是孩子最信任的人。如果孩子的"诉苦"被父母无视，孩子的心态就无法调整好。心理状态和学习成绩是互相影响的，心理状态不好会影响学习成绩，学习成绩不好又会让心理状态更糟糕，最终形成恶性循环。父母一定要及时帮孩子调整状态，孩子才能好好学习。

面对孩子的焦虑情绪，特别是对于焦虑到睡不好的孩子，父母更要注意语气和态度，跟孩子好好说话——

> "我给你准备了牛奶，可以帮助你睡个好觉，明天就可以精神抖擞地去参加考试了。"
>
> "你的努力我是看在眼里的，老师肯定也看到了，所以你不要有什么心理负担，把自己学到的知识都答出来就已经很好了。"
>
> "这次只是期中考试，你正好检验一下自己的学习成果，也可以看下学习方法对不对，下半学期就可以更好地调整状态，学起来也会更轻松。"
>
> "期中考试只是对这段时间学习的一个总结，老师也跟你一样，会根据这次的成绩，来调整自己的讲课方法和进度，说不定老师比你还紧张呢。这次小测试，你只要正常发挥就好。"

学习成绩一直是父母和老师关注的重点，但面对青春期的孩子，父母要学会尊重孩子的自尊心，多表扬鼓励，少打骂指责，让孩子一直对学习保持兴趣和热情，良好的心理状态能促进学习。

此外，父母还要帮助孩子养成良好的学习习惯，让孩子学会运用各种学习技巧和方法，能够在较短的时间内获得比较明显的成效，让孩子有成就感，孩子才能更加持久地保持对学习的兴趣，形成良性循环。

师生相看两生厌

自从进入青春期，孩子的脾气变大了，说话爱呛人了，似乎也不爱学习了，作业总要让人催着才会做，成绩也忽上忽下不稳定。

父母找老师了解情况，结果又收集到孩子的一堆"罪状"：你们要多关心孩子睡眠，别让孩子在听课的时候打瞌睡；孩子课上总是走神或者左顾右盼，要多培养孩子的专注力；提醒孩子不要总接老师的话，让老师的课都讲不下去了；要增强班级荣誉感，别打闹、别忘了值日；要充分利用自习课时间复习、做作业，不要和同学交头接耳、窃窃私语；课上要记笔记，课后要按时交作业……

听到孩子的种种"罪行"，父母真是气不打一处来：这孩子到底遗传了谁，怎么就这么能"作"？千辛万苦进了一所好学校，班里那么多好学生、好榜样他不学，怎么就这么能折腾？

父母越想火气越大，最后直接冷着脸冲着孩子"开火"——

"为什么上课老睡觉，晚上是不是又偷偷玩游戏了？"

"你怎么那么爱显摆，老师在上面讲，你在下面讲，就你能耐是吧？"

"值日你都偷懒，多大了还和别人打闹，丢不丢人？！"

"你看看自己，为什么上课不记笔记、下课不交作业？"

"说了多少次了，把心思放在学习上，能不能管好自己？"

你的每句话里都是满腔的担心和焦虑，希望能把那个不在状态的家伙"唤醒"，理解你的一片苦心。没想到他听完你的话也冷了脸，说的话比他的脸更冷，话里话外的不满和委屈都溢了出来——

"老师天天照着课本念经，谁听了不想睡觉？"

"上课的时候老师就爱东拉西扯说不到重点，还特瞧不起人，我举手他从来不叫我回答，我自己说答案怎么了？"

"老师就是看我不顺眼，我帮着换水、打扫楼道卫生他都看不到，就只看到我说笑打闹，这不是故意针对我吗？"

"我哪天作业不交？就一次作业交晚了，就揪住我不放！课堂上讲的题我早就预习过了，根本不用记笔记！"

"我用功的时候你们都看不见，老师就是看我不顺眼，你们也看我不顺眼，我用功有什么用？我不学了！"

你原本只是想着让他改正错误，没想到引发了更大的矛盾，甚至引来了他对老师的"炮轰"，使原本就有的师生隔阂也进一步加深了。

其实，很多时候，孩子也知道父母的话句句在理，但他就是感觉不舒服，不想搭理你，更不想听你的。这就是父母的沟通方式出了问题。父母的初衷很好，结果孩子不领情，谈话也根本进行不下去。

青春期的男孩敏感而脆弱，父母如果一味进行说教、指责、批评，很容易让孩子从心理上产生反感和抗拒情绪，谈话也很难进行下去。

最好的教育并不是对孩子进行教化，而是跟孩子的交流、对孩子的理解。父母要尝试走进孩子的内心，了解他的想法，知道他的需求，这样才能更好地引导和帮助他。

比如孩子对老师非常反感抗拒，父母就可以这样跟孩子沟通——

"老师们都挺关注你的，特别是××老师，夸你最近进步很大。最近都学了哪些有意思的内容？"

"老师说你脑子灵活，接受新知识很快，平时上课也很活跃。你们在课堂上是怎么讨论问题的？"

"听说你们班的气氛很好，同学们的班级荣誉感都很强，你和同学关系怎么样？"

"这么多科目，你觉得哪一科特别难？需不需要给你买几个笔记本记重点？"

父母跟孩子沟通，开头的话特别重要，要把老师的建议进行积极的转换，找出孩子的优点，对孩子进行积极暗示，通过提一些开放性的问题，聆听他的倾诉，引导他寻找问题的根源，尝试寻求解决之道。

父母需要找出孩子对老师反感抗拒的原因，要先肯定老师对孩子的关心，向孩子说明老师"恨铁不成钢"的心情，并引导孩子正视自己的缺点和问题，积极改正。父母还要积极和老师沟通反馈，让老师看到孩子的努力和进步，一起帮助孩子改善学习态度。

父母要善于发现孩子的优点，用积极的态度来发现孩子的进步，用耐心来陪伴孩子成长。

一提分数就变脸

一进入中学，父母就开始紧盯中考和高考，分数就成了一个绕不开的话题。老师们对学习抓得越来越紧，考试也越来越多。做父母的虽然也会心疼孩子压力大，但总是忍不住去关注、去打听。

最近这段时间，孩子成绩就像在坐过山车，忽高忽低。跟成绩一样的，还有孩子阴晴不定的情绪，越临近考试，他的脸色就越阴沉。

考试终于结束了，他也开始跟你有说有笑了，似乎又变回了那个跟你亲近到无话不说的乖孩子。你试探着问他考试成绩，结果刚提到分数，他就分分钟变脸，硬邦邦地回一句"不知道"，把自己关进房间里，任你再说什么，他就是对你爱搭不理，甚至假装没听见。

你接连碰了几次壁，甚至连对他的关心都没有得到任何回应，忍不住就发了火，连名带姓地叫着他的名字，声调也高起来——

"×××，你少跟我装傻，自己的成绩怎么会不知道，你冲谁发脾气呢？"

"什么臭毛病！一句话不说还摔门，摔谁呢你？×××，你给我道歉！"

"问你话呢×××，到底考了多少分，你说不说？不说是吧，你不说我问老师去！"

"×××，你跟谁摆脸色呢？我养你这么大，供你吃供你喝，问你句话就不能痛快点说？"

可能是听到了自己的名字，可能是感受到你的怒气，也可能是因为你的问话有高分贝的"加持"，这一次，他终于有了回应，只是这回应中，有着同样的高分贝、同样的怒气——

"我哪有发脾气，发脾气的是你好吗！还说我装傻，我是真傻行了吧？！"

"我说了'不知道'你不信，既然不信就别问我啊，还有什么好说的！"

"这才刚考完试，你让我开心点不行吗，非要不停地问问问！"

"你想让我说啥？！我不想说、不想说！你别问个没完行吗？"

"你之前还说考好考坏都没事，现在天天没完没了地问什么分分分！觉得我不好，找成绩好的给你当儿子吧！"

你被他的话惊呆了，做父母的为了孩子的成绩操心、着急不是很正常吗，关心分数和排名不是应该的吗，望子成龙难道还错了？

望子成龙当然没有错，但"期待"和"现实"总是会有一定差距，这个差距让父母产生心理落差，表现在行动上，就是不断地对孩子唠叨。你并没有意识到，这种不良情绪从你的唠叨中传导到孩子的心中，慢慢地在他的心中积蓄，也在你和孩子中间堆砌起一堵厚厚的"心墙"，导致亲子关系越来越紧张。父母喜欢用命令或者打压式的语气，加上急躁的表情和态度，很容易引起孩子的抗拒和反感，甚至会引发冲突。

想和孩子沟通，就要用孩子能够接受的方式，用平和的态度，用商量的语气，用鼓励的话语，而不是用语言对孩子进行打压和贬低。

比如想问孩子的成绩，可以选择合适的时机、地点，用合适的方式，来和孩子聊聊——

"我发现你最近情绪有点不对头，是因为这次考试吗？来，咱们聊聊吧！"

"你总把自己关起来，有事也不爱和我说了，其实我很难过，也挺担心你的。任何事情都有解决办法，你为什么不高兴呢？说出来咱们一起想办法。"

"偶尔考试不理想也不用沮丧，最重要的是查漏补缺，找出自己薄弱的地方。你觉得这次考试哪些地方有欠缺？"

"成绩很重要，但你更重要。我想知道你的成绩，其实是想知道你在学校过得好不好。如果遇到不高兴的事和什么难题，也希望你能直接告诉我。"

在和孩子沟通时，父母除了要注意语气和态度，对谈话的时机、地点和方式的选择也很重要。

完不成作业总"甩锅"

孩子上了中学以后，父母就经常接到老师的消息和电话：你家孩子今天某科作业没交；你家孩子今天某科作业没写完；你家孩子最近作业出错率太高，请多关注孩子的学习……

孩子明明很努力，每天都会写作业写到半夜，为什么还会完不成呢？你跟老师沟通，发现作业不难，留的作业也不多，如果按老师的要求，是完全能够完成的。那他为什么几乎每天都完不成作业呢？

你悄悄盯了几天，发现他在写作业时，一定要提前打开音乐或者电视作为"背景音"；他一会儿就要吃点东西、喝水或者找东西，或者上厕所；他经常记不起来老师都布置了哪些作业，边写边问同学，再顺便聊聊天，要么就是想到哪科就写哪科，写了一半又改写其他学科；经常到半夜了才发现还有许多作业没写完，就草草应付着交了作业……

你的怒气已经忍不住，让他把这些天的作业拿出来摆在一起，看着一个个作业本上老师用红笔画的大大的"×"，你气得把作业一本本摔到桌上，声音不自觉地就大了起来——

　　　　"一边看电视一边写作业，你这是在专心写作业吗？把电视给我关了！"

　　　　"每次一写作业你就那么多事，你就不能等写完作业再去干别的事？"

　　　　"你上学是干吗去了，连作业都记不住？能不能记下作业，不要每次都问别人？"

　　　　"每天就这么点作业，为什么别人都能写完，就你总写不完？"

　　　　"为什么会错这么多？你是不是上课没听讲？"

　　你越说越气，真恨不得把他摁到地上"摩擦"。他低着头，委屈巴巴地听着你教训他，也不回嘴，就那样一本本收拾起作业。等你说完，他抬起头看着你，委屈得眼泪都要下来了，连说话都带着哽咽——

　　　　"你都不知道隔壁邻居多吵，每天都吵得我不能好好学习，开着电视、听着音乐还好点。我每天都不能专心写作业，每天被老师批，太惨了！"

　　　　"我也不想总上厕所啊，这几天老是肚子疼，上课也疼，都听不好课。你们每天都在忙，你不管我，还训我！"

　　　　"谁说我没记？我们老师可讨厌了，每天都留一堆作业，还总是临时加作业，谁能记得过来？我记不起来才去问课代表，课代表都记不住！"

　　　　"谁说作业少的？你去问问大家，每科都留一堆作业，大家都写不完，又不是我一个人写不完作业！"

"我们老师说话声音特别小，语速还特别快，我们都听不清他在说啥，讲完跟没讲一样，错的这些地方都是老师当时没讲的。"

每次完不成作业，他总能找到各种不同的理由为自己"甩锅"，总能把责任推到别人身上，这让你非常恼火。字写得难看他也要怪笔和本不好；试卷写不完、题目答错了，他会说老师出的题目太多、太难、太超纲了；笔记写漏、写错了，也是因为同桌影响他了……总之，不管什么事，只要出了问题，他总是能找各种理由来为自己"甩锅"。

青春期的孩子思维比较跳脱，好奇心强，如果没有良好的学习习惯，就很容易出现作业完不成、出错等各种情况。老师和父母都会习惯性地对孩子进行训斥和责罚，孩子为了保护自己，就会找各种借口来推卸责任，并努力说服别人，也说服自己，证明这不是他的责任。这样就能保全他的面子，减轻他的心理压力和内心的愧疚感，还能避免老师和父母对他的斥责和惩罚。

不论"甩锅"的原因是什么，都是孩子做事没动力、不愿承担责任的表现。父母要给予孩子足够的安全感，让他成长起来，慢慢变得强大。

遇到这种情况，父母先不要着急训斥，而要帮助他一起直面困难，寻求解决之道。可以从跟孩子好好沟通、好好说话开始——

"学习要集中注意力，写作业也需要一个安静的环境，电视必须关了。如果你喜欢音乐，可以选柔和的轻音乐，太嘈杂的不行。"

"写作业以前，先喝水、上厕所，写作业要定时，在规定时间内完成作业，不能一直往厕所跑。"

"我给你准备了本子，每天把各科作业抄在本子上，课间或者放学前再和课代表核对一遍，就不会忘了。"

"我会和老师沟通作业情况，按作业多少分配时间，我会陪你一起规划，先试一段时间看看效果。"

"错的题一定要找老师或者同学问清楚，下次做对，就能打好基础，需要我帮你联系老师吗？"

家长要鼓励孩子直接面对问题，要找到真正的原因，有针对性地改正。远离借口、承担责任，这才是让孩子真正成长的开始。父母要帮助孩子解决成长过程中的问题，还要引导孩子寻找正确的方法，做好学习和生活规划，使孩子真正成长为一个心理健康、人格健全、独立又自强的男子汉。

每逢考试必生病

中学作业变多了，考试和测验的次数也变多了，孩子明显有点跟不上其他同学的进度，每次测验前他都会非常紧张。他一遍遍地跑厕所，故做镇定地做题、复习，但每次测验成绩都不是很理想。

你给他报了课外补习班，他的成绩开始有了提升，但一到期中、期末考试的时候，他仍然会有肉眼可见的紧张情绪。考试前一天，他开始频繁上厕所，只要一进考场就说肚子疼，一次次举手申请上厕所。

你试着劝过他好多次，他也很听话，但只要一进考场，就会一次次举手申请去厕所，一考完症状就消失了。

你怀疑他是不是故意装病，想问他考题怎么样，结果才刚刚喊出他的名字，他就"噌"的一下跳起来跑向厕所，留下你一个人愣愣地待在原地。

他绝对是故意的！你气得冲到厕所门口，隔着门就开始大声教训他——

"你给我滚出来!一说考试你就躲厕所,你以为真能在厕所里躲一辈子?"

"又装肚子疼!平时哪儿都不疼,一说成绩你又开始肚子疼了,出来看我不揍得你全身疼!"

"你居然连我都骗,我辛辛苦苦挣钱给你报补习班、带你去医院治病,你再装,看我不打到你住院!"

"你还敢装!你的病来得可真及时,我从来没听说过,只要考试就肚子疼,你再给我装一次病试试!"

隔着厕所门,你听到他似乎在里面哭。你使劲拍门催他出来,他就很生气地大声反驳你,声音中带着哭腔,还有满满的委屈——

"别催了,我马上就出去了!我也不想来厕所啊,我也没办法啊!"

"我没装,我就是肚子疼!真的!我每次考试都拉肚子,不信你去问我们老师!"

"我没骗你!我也不想浪费你的钱,我真的肚子疼,你不信就带我去医院,我真肚子疼!"

"你们都不相信我!我是真的拉肚子!你不信我也没办法,你不要逼我,我也不想的,你不要逼我!"

他边说边哭,哭的声音越来越大,不像是假装的。你有点不确定了,真有这种害怕考试的病吗,难道真会害怕到一考试就生病的程度?

一到考试就肚子疼，还真的是一种病。这种病很容易发生在学生身上，特别是频繁考试的学生，典型症状就是一开考就肚子疼，从考试前肠胃就"不听话"地闹腾，每隔一段时间就要往厕所跑。

这种病叫"肠易激综合征"，顾名思义，就是肠胃容易受到刺激发生的一种症状。在我国，得这种病的大多是年轻人，发病率也比较高，在年轻人中能达到 10%—20%，主要症状就是肚子疼。目前这种病还没有找到具体的发病原因，但因为精神压力可以影响肠道运动，所以得这个病的人大多数都容易情绪波动，情绪不稳定就容易出现肚子疼、拉肚子的情况，上完厕所后症状会减轻，也不会出现发烧或者变瘦的情况，检查时也查不出什么异常。

孩子之所以一考试就拉肚子，很有可能是因为每次考试前都感受到巨大的学习压力。想要让孩子恢复正常，最重要的，是要让孩子放松心情。

和孩子沟通时，父母要注意说话的方式，保持情绪稳定，让孩子缓和紧绷的神经，在放松的状态下交流。

比如他又跑到厕所去了，你要先关注他的情绪和身体，而不是学习和成绩，要让孩子感受到你的关心和呵护——

"你可能是肠胃不舒服，不要着急，我去给你准备些热汤，喝了会舒服些。"

"你就是最近学习太累、精神太紧张了，不要担心，慢慢来，我看出你已经很努力了。"

"你不要想太多，身体最重要，你精神越放松身体才能越舒服，这点小毛病也根本不用去医院。"

"我知道你一直很努力，一张一弛才是学习的正确方法。要享受学习的乐趣，成绩也会好起来的。"

　　青春期的孩子情绪波动大，要让孩子平稳度过这个特殊时期，父母必须有足够的耐心，用信任、理解和陪伴，来帮他医治内心的疾病。"肠易激综合征"这种病也是一种由情绪引起的心理疾病，"爱"才是最好的药。父母还需要有些医学常识，和他共渡难关。

友谊的"小船"说翻就翻

孩子有了自己的朋友，两人似乎有说不完的话，连周末都要约着一起打球、去图书馆。

可惜，没多久原本形影不离的两个人似乎慢慢疏远了。先是孩子没再和他的朋友同路，然后周末的时候一个人窝在房间里待了两天。路上遇到那个朋友，两个人就保持着无视对方的状态进了学校。

两个男孩闹点小矛盾，而且有越闹越僵的架势。两个人无非就是在某件事的看法上有分歧，你怪我不支持你就算了，还去支持我的对头；我怪你不理解我的一片苦心，我只是想帮你在同学间树立一个心胸宽广的良好形象，结果你还不领情。就因为意见不合，两个好朋友一直冷战，谁也不理谁了。

孩子到底是孩子，为了一点点小事就闹别扭。看到他闷闷不乐的样子，你又心软了，决定点拨他几句，教教他怎么跟同学相处——

"你怎么脾气那么坏，一点小事就跟人吵架，怪不得你都没朋友。"

"你可真幼稚！你就给你朋友低个头、道个歉又怎么了，一点小事值得闹这么僵吗？"

"你情商别那么低好不好，别人一说你就跟人吵架，朋友劝你，你还跟朋友冷战，就没别的办法解决吗？"

"看你那点出息！特别简单的一点事，你偏偏要搞得特别复杂。说到底还是你自己的能力不行，还好意思怪到别人身上！"

青春期的孩子简直惹不得，原本就快快不乐的他就像一头被激怒的小狮子，冲着你冷冷地哼一声，开始很大声地反驳你——

"我只是讲事实，怎么就成了脾气坏了？我根本没跟他吵架，他就是不让人讲道理。这种朋友，不要也罢！"

"我又没错，为什么要我低头，他为什么不向我道歉？是他不理我，又不是我不理他，闹这么僵，难道是我的错吗？"

"到底是谁的情商低啊？他是不是我朋友？不帮我就算了还指责我，我不要面子的吗，他考虑过我的感受吗？"

"你到底是谁的家长？我才是你的孩子好不好？你怎么也像他们那样，动不动就说我这不好那不好，看我不顺眼就不要再理我啊，以为我稀罕吗！"

一提起和朋友闹矛盾的事，孩子就很委屈，很抗拒，你的劝解没起到任何作用，反倒让他更加暴怒。你本来想劝他跟朋友和好，可他根本不觉得自己有错，反而一直纠结于朋友的"背叛"。你有点束手无策了，到底要怎样才能让他解开心里这个"疙瘩"呢？

青春期是孩子由儿童向成年过渡的重要阶段，他认为自己不应该再依赖父母，而要对自己负责了。因此，他的思想和情感也开始发生转移，从父母身上转移到朋友身上。

青春期的孩子往往把友谊看得非常重，这个时期他会非常愿意寻找有共同兴趣爱好的同龄人，和朋友一起分享喜怒哀乐，分享自己的各种经历。

在这个特定的人生阶段，比起跟父母的关系，孩子会觉得他跟同龄人的情谊要更加亲近些，这是他尝试社交的成果。在孩子的生活中，"朋友"占据着非常重要的位置，甚至超过了家庭成员。他会觉得，"好朋友"之间的关系就应该像父母和孩子的关系一样，非常专一、执着，要无条件地对朋友好。正因为对朋友过分看重，所以在朋友有了"背叛"行为时，他才会大受打击。

在青春期之前，大多数孩子都是一个家庭的中心，因此他往往会以自我为中心，存在强烈的"个人主义"色彩，有着强烈的自尊心。在和朋友交往过程中，这种情绪特点也会通过行动和语言显露出来。他会站在自己的角度，要求朋友尊重自己、为自己考虑，一旦和朋友的意见出现分歧，除非一方妥协，否则双方就很容易陷入僵局。

在孩子和朋友发生矛盾时，父母就要特别照顾孩子的情绪，必须先解决情绪问题，才能解决具体的事件。父母在跟孩子沟通时，要做到态度平和，和孩子好好说话——

"我知道你是个非常讲原则的孩子，你自己挑选的朋友肯定也差不了，你们两个都很坚持原则。那你能不能跟我说说，你们为什么闹矛盾。"

"好朋友之间相处时，要多为对方考虑一点，多站在对方的立场上想一想，他肯定也是想让你好的，不要为一点点小事就失去一个朋友，那样是不是很不值得？"

"朋友吵架、闹点小矛盾都很正常，你很伤心，他也很难过，这不是正说明你们都很重视这份友谊吗？他劝你也是不想你那么生气，想要帮你解决问题，是不是？"

"其实你俩都是在为对方考虑，只不过说话太急了，听起来就很让人生气。这么多天了，你们应该都冷静下来了，要不要我帮你给他打个电话，你们都解释一下。这么好的朋友，失去了多可惜，对不对？"

在孩子眼中，除了家人，朋友就是最重要的人。一个益友，甚至可以影响孩子的人生。但因为这个时期的孩子思想还不够成熟，阅历也不够丰富，看问题就容易失之偏颇。朋友和家人毕竟不同，孩子对友谊的期待过高，就很容易受到打击和伤害。友情的伤害，很可能会导致孩子对周围人有防备心理，甚至会影响以后的社交活动。所以父母一定要耐心加以引导，帮孩子学会交益友，学会和朋友相处，交到可以互帮互助、交往一生的好朋友。

我就是喜欢她，怎么啦？

孩子最近情绪起伏比较大，影响了学习状态，成绩也很不稳定。

你留心孩子的状态，果然发现了很多"蛛丝马迹"：他变得勤快了，每天不用人叫就能起床，早早地就往学校赶；他开始注意自己的外表了，还让你帮他买洗面奶、防晒霜；他对穿着打扮也讲究不少，衣服每天干干净净；一个男孩子，书包上居然挂上了可爱的小饰品，连手机壳也换了。面对你的质疑，他还一脸淡定地说这些东西很可爱。

你"惊悚"地发现，他居然连性格都变了，平时上蹿下跳，还经常跟你顶嘴，现在居然变温柔、变得很好说话了。他周末也不爱出门玩了，一进家门就钻进自己房间不出来，在电脑键盘上敲敲打打，眼睛还时不时地瞟向手机，如果手机上冒出信息，他就会对着手机傻笑……

你终于确定了，这小子"早恋"了！这一认知让你顿时暴跳如雷，对着他就是一通"暴力输出"——

"你才十几岁就谈恋爱，还让学校知道了，丢不丢人？"

"小小年纪不学好，学习成绩不咋样，倒先学会搞对象了！"

"那女孩是谁？这么小就跟你谈恋爱，能是什么好人，以后不许搭理她！"

"我给你花那么钱，就是让你去谈恋爱的？你先给我把学习搞好，等以后自己工作了再谈。"

在你狂风暴雨般的指责和质问下，他吓得呆若木鸡，听着你的责问，他看起来很难堪、很难过，还夹杂着愤怒。不知道是哪句话触动了他，你还没骂完，他突然就爆发了，嗓门比你还要高——

"谁说我谈恋爱了，学校什么都不知道，就会冤枉人，你们只关心自己的面子，根本就不相信我，也不关心我！"

"我成绩不好就不配活着吗？成绩不好干什么都是错的，和同学说句话都是在搞对象——行，我就搞给你看！"

"你们凭什么说别人不是好人？我都多大了，喜欢谁、和谁交往是我的自由，你们管不着！"

"钱钱钱！说什么都要提钱！行，你算算我欠你多少钱，我都还给你！"

你被他的话气到肝疼，这件事已经占用了他的时间和精力，影响了他的学习，如果不严加管教，甚至还会影响他一辈子！这臭小子，怎么就不能理解父母的一片苦心呢？

在对孩子的教育中，父母往往会忽视了对孩子的"恋爱"教育。

青春期这一阶段的主要变化就是性意识觉醒。这个年龄段的孩子会关注异性、与异性交往增多。他会跟一个或几个异性关系亲近，甚至会对异性萌发朦胧的情愫。这种青春期的朦胧情愫比成人之间的爱情更纯真，是自然而然发生的、普遍存在的美好情感。这种情感可能是爱慕，可能是喜欢，可能是向往，是发现一个人的优点后，想要接近、学习，并成为那样的人。

青春期的爱恋并不是洪水猛兽，而是孩子尝试了解"我是谁"的一个自我探索活动，是一种孩子学习和异性相处的过程。对异性有好感，其实也是孩子生理发育正常的一种表现，只不过这个阶段的孩子并不具备理性思考能力，也不具备相应的性知识，不知道自己的一些行为会有什么风险，这才是最可怕的。

因而，这个时期父母的态度和引导至关重要。规训、惩罚、禁止等过激反应都达不到让孩子成长的目的，反而会引起孩子的叛逆和反感。父母也不用对"恋爱"避如蛇蝎，遮遮掩掩，不如大大方方地拿出来说——

> "跟自己喜欢的女生交往很正常。但不管是男生还是女生，都要学会保护自己的健康和名誉。你可以这样做……"
>
> "男子汉要有责任心，你要是喜欢人家就不能拖人家的后腿，不能影响学业，还要尊重女孩子，不能做越界的事情。"
>
> "我相信你的眼光，既然做了选择，那你就要对自己的选择负责。每一个选择后面，还会有更多选择。如果这些后果你都能承受，那我就尊重你的选择。"

"你们都像鱼儿一样，在不同的人生阶段，处于不同的水域。你们都努力游向更广阔的水域，最终跃过龙门，进入天高水阔的大海。如果你们以后还想在一起，就要好好学习，共同进步。努力吧，我看好你！"

青春期的情愫是朦胧的、单纯的，相互的爱慕和欣赏会成为孩子一生的美好回忆。这种情愫未必就是父母认为的"爱情"，如果能引导孩子正确对待，可以使孩子初步树立正确的恋爱观和婚姻观，让孩子体会其中的责任和尊重，这份青春激情甚至有可能进一步转化为使他认真学习、积极上进的原动力。

千万不要低估了青春期孩子的决心和能力，在他们美好的青春时期，为了一份美好的感情，他们会学着权衡感情和学习，学会如何尊重和爱一个值得的异性，也会付出十倍、百倍的精力，给你意想不到的惊喜。

在与孩子进行沟通时，父母还要注意自己的言行，让孩子通过你的行为，感受到你的良苦用心。

作为"过来人"，父母要做的，就是客观陈述，告诉他将会遇到的问题，让他经过慎重思考后再做选择。这是他自己的选择，是最有可能对他最好的选择，也是他最有可能做出的、对他自己最负责任的选择，经过这个过程，他才会真正成长。

男人就是要讲江湖义气

家有青春期少年，你永远都不会知道他有多能"作"，会给你惹出什么样的"奇葩"祸事。你做梦都不会想到，有一天，他会跟班里的一群学生把校外的人给打了。

你被老师叫去学校莫名其妙挨了一通训，才明白原来是班上同学被外面的人欺负了，他看不惯这件事可自己又打不过人家，于是叫上班里最壮实的几个男生，把那个欺负人的家伙堵在校外小巷子里给教训了一通。人家受伤后气不过，跑到学校告状，他和班上的同学才"暴露"了。

更让你瞠目结舌的是，这已经不是他第一次和同学"团伙作案"了，他的"丰功伟绩"还真不少：班里的女同学被外班男生用篮球砸到头，他会悄悄和班上的同学借着打球的名义把那名男生堵在校外小巷子里揍一通；平时同学间起了冲突，他也很义气地去和人家"约架"，在校外小巷子里一决高低；同学在校外出了事，他也会把人约到小巷子里"放倒"来解决问题……

老师们和你一样，根本没想到看起来很乖的孩子居然也是"约架党"

的一员。他跟一帮男生称兄道弟，在校外"约饭""约架"，在校内参与各种活动，不管谁有事，他都会在第一时间出面帮忙解决，俨然一副"老大"的模样。

自家孩子居然是"约架党"的成员，长成了你最怕他成为的那种"坏孩子"，你听得目瞪口呆，二话不说，拉起他就是一顿"暴力输出"——

"你个混蛋小子，居然敢拉帮结伙打群架，你是来上学的还是来闹事的？"

"你挺嚣张啊，还敢'约架'，还敢拉帮结派，还敢当'老大'，看我打不死你！"

"你还是幼儿园里调皮捣蛋的小男生吗？这么幼稚！你都上中学了，居然还敢犯'中二病'！"

"你以为你是谁？怎么哪儿哪儿都有你！为什么有事不告诉家长、不告诉学校、不告诉老师？"

"你们要是把人打伤了怎么办？打死了怎么办？出事了怎么办？你这是在犯罪啊你知不知道！"

他非常不服气地瞪着你，任凭你"噼噼啪啪"地打在他身上，硬扛着一动不动，但是全身上下都写满了"不爽"，从表情到语气都带着不耐烦，声调高亢地反驳你——

"都是我同学，哪有拉帮结伙！你不要管那么多好吗？我自己心里有数！"

"别听他们胡说八道，只是警告几句，不让他们欺负我同学，哪有'约架'？！"

"我哪里'中二'、哪里幼稚了？我明明三观超正、成熟稳重，他们都很信任我！"

"他们相信我，我就得管！可他们是我同学，不是别人，这也不是闲事，我不管谁管？！"

"只是教训他们几句，怎么会死啊伤啊的！'人不犯我，我不犯人'，他们先欺负我同学，我就要行侠仗义！"

你顿时感觉到头疼、头大，这个比你还要高出一头的孩子，一身桀骜不驯，目光灼灼地看着你，他的眼睛澄澈、执着，带着少年特有的激情和锋芒毕露。他并不认为自己做错了什么，反而认为你的指责不可理喻。

他为人仗义，喜欢讲哥们儿义气。他做的一切，出发点善良而纯粹。

是啊，他能有什么坏心眼呢？他正处于人生中一个很关键的阶段，你的打骂已经对他起不到什么作用了，稍有不慎，他就会走上歧路。

青春期正是世界观、人生观、价值观形成的时候，这个时期的孩子单纯善良、情真意切、敢做敢为。但他毕竟涉世不深，有时候会缺乏理智，仅凭感情行事。他可能会把哥们儿义气、"江湖道义"当成交朋友的准则，认为只要是朋友有事，就应该无条件支持。在这种认知下，他很可能会不讲是非对错、不分青红皂白，有时候甚至为了一点小事大动干戈、不计后果。因为讲"江湖义气"，他和他的那群朋友会对"自己兄弟"做的错事进行包庇隐瞒，甚至会酿成大错。这个时候，就需要父母来引导他甄别，帮他认清现实，把他引导到正确的轨道上。

父母不要一味否定孩子的所做所为，要注意使用恰当的方式，要学会跟孩子好好说话，正确的沟通方式是解决问题的关键所在——

　　"你同学受欺负，你要帮同学出气，这种想法没错。但是要弄清楚事情的来龙去脉，除了打架，还有没有更妥当的处理方法？"

　　"校外人员到学校捣乱，你可以找老师、找家长，甚至报警。本来能光明正大处理的事，你们私下堵人、打架斗殴，参与的同学都要被记过、受处分，你还觉得没错吗？"

　　"什么才是真正的'朋友'？你同学要是伤人或是把人打残、打死，那就是犯罪，就要坐牢，一辈子就完了！你不劝阻还要跟着一起去，这是朋友该干的事吗？"

　　"你是'老大'，那就要负起'老大'的责任，要为他们的将来着想。'义气'的底线，就是不能违法、不能违背道德！你想想，到底怎么做才算是真为他们好？"

　　"幸好你没参与打架，但你的朋友打伤人，万幸没出人命，再严重点就是犯罪，会被学校处分、会被拘留，甚至判刑！真正的朋友，会眼睁睁看着对方去做错事吗？"

青春期的孩子对友谊和哥们儿义气的区别、对"是非"观念的建立需要一个过程。孩子做错了必须正确引导，选择"益友"的时候父母要及时表扬、奖励，使他得到肯定和满足，能对自我有清晰的认知。

每个自律的孩子背后，一定有更加自律的父母。父母要以鼓励为主，培养孩子的是非观念，要及时肯定他的进步，提高他辨别是非的能力。同时，父母还要从多方面入手，帮助孩子改正不良作风。

Part 5

"丰富多彩"的课余时光

在中学时代，男孩子身体里似乎有着消耗不尽的精力，除了学习，他什么都想尝试，对各种兴趣爱好的探索充斥着他的课余生活，有些爱好甚至让他深深沉迷其中，不能自拔。

在那段年少时光里，这些"探索"便是父母和孩子的矛盾起源，父母和孩子形成两大对立的阵营，旗帜鲜明地捍卫自己的理念。

父母生怕孩子会误入歧途，对孩子的这些"不务正业"的"探索"拼命压制，想方设法把这些影响孩子成长的东西隔离在他的世界之外。孩子则死命"顽抗"，竖起浑身的刺来与父母对峙，像守护生命一样守护着自己的"爱好"和"理想"。

孩子喜欢探索新鲜事物，并不是什么天生的叛逆因子，少年时，谁没有对某一件事情上心过、热爱过、着迷过？有些人，甚至将这份热爱视为自己的毕生理想，此后的漫长岁月全部为了这份热爱买单，哪怕最终功败垂成，也甘之如饴。

这样的理想简单纯粹，让孩子此后生活的方向变得异常清晰。而父母担心的，则是某些潜藏着风险的"兴趣"和"爱好"，孩子一旦接触、探索，命运的齿轮便会开始转动，将他带向一个不明确的未来。

有些错可以犯，有些错，一错便是一生。父母的担心与焦虑，孩子的叛逆与抗拒，最终要靠沟通来彼此了解，要靠爱和包容来解决。

手机就像身体的"外置器官"

老师在班级群布置作业，作业写完还要反馈，有时候老师还会在班级群里发布通知、点名、接龙……现在孩子的学习，根本就离不开手机，不让用是不行的。可自从拿到手机，手机就像长在他手上，他的眼睛也长到手机上，手机完全成为他身体的一个"外置器官"。

只要手机在手里，消息提示音就响个不停，跟他说话，一句话没说完，就被"嘀嘀嘀"打断好几次。不管问啥，他就一个反应：头也不抬地"嗯嗯啊啊"。心不在焉非常明显，对父母敷衍了事也非常明显。

他经常一边不停地在手机上摁来摁去，一边对着手机傻笑。坐在书桌前时，你以为他在看着手机老实做题，不经意一瞥，他竟然在搜答案！半夜了，你以为他在睡觉，推门发现屋里灯黑了，手机屏幕还亮着，也不知道他是在学习，还是在玩游戏、刷视频、看漫画，或者是在跟什么人聊天。

反正不管何时何地，只要你过去想看看他的手机屏幕，他立马摁灭。在干什么？无可奉告！

这个时候，当父母的可以说有一股无法遏止的怒气立即升腾而起：我给你买手机是用来辅助学习的，可是你天天在干什么？还给我藏着掖着，准没干什么好事儿！

　　"一天天就知道盯着手机看，看看你这次考了多少分！"

　　"又跟谁聊天呢？天天聊，哪来那么多废话！"

　　"给你买手机是让你学习用的，你看看你都干了点啥！"

　　"又躲在厕所玩手机！给你1分钟，马上给我出来！"

　　"天天玩手机，学习的时候怎么没见你这么用功！"

　　"不是刷视频就是玩游戏！再玩把你手机摔了！"

　　"整天手机不撒手，跟这破手机比跟你亲妈还亲！"

这些话伴随着超高音量出口的瞬间，你不去扔他的手机，他都可能自己用力把手机扔给你，用比你还高的音量喊——

　　"天天就看见我玩手机，怎么就看不见我学习？"

　　"你们也经常聊天，我跟同学聊几句怎么了？"

　　"手机是你们给我的，每天交的作业你们也看到了，还想让我干吗？"

　　"能不能不要一直盯着我，上厕所都要规定时间，太过分了吧！"

"还要我怎么用功，干脆逼死我算了！"

"摔摔摔！你们不也刷视频吗，怎么不把你们的手机也摔了？！"

"就知道骂我，我是不是你亲生的？！"

当父母的万万没想到，给孩子买来辅助学习的手机，竟然成了一颗不定时"炸弹"，随时都能点燃家里的"战火"。

但是，这一切的罪魁祸首，也许并非手机。手机非常无辜，因为它只是一个惨遭迁怒的"第三方"。

当父母看到孩子时刻不离手机，想当然地认定孩子"不务正业"，怪罪孩子不搭理自己时，父母与孩子之间的矛盾便已经与手机无关。造成这种矛盾的真正原因，是父母没能和孩子好好说话。

青春期的男孩非常敏感，父母冲口而出的那些话，话里话外全是指责，往往让孩子觉得委屈而抗拒。父母想要教育孩子的想法越强烈，跟孩子的关系就会越糟糕，如果双方情绪失控，那就只会糟上加糟。

父母与孩子，不是"原件"与"复印件"的关系，而是"原件"与"原件"的关系。首先双方都是独立的个体，然后才有血缘的牵绊。健康的亲子关系，应该是父母和孩子都能关注对方的情绪，能够有效沟通。不管面对任何突发情况或矛盾，都要注意，不能破坏亲子关系。只有这样，一切的努力才可能行之有效。

青春期的孩子有极强的自尊心，父母要想改善亲子关系，首先要改变说话方式，把孩子当朋友，把说话的嗓音放低，用关心代替质疑。

在和孩子沟通时，父母要时时提醒自己，亲子关系是第一位的。关注孩子的情绪变化，如果感受到双方关系紧张，要及时控制自己的情绪，并想办法修复。即便知道怎么做是最好的，也不要直接告诉孩子，更不要强迫孩子立即采纳。可以换种方式表达，用发问式沟通，也可以适当示弱，对孩子进行安抚，并表明自己的态度。

比如发现孩子长时间看着手机，你可以这么说——

> "什么内容这么精彩？能不能跟我也分享一下？"
>
> "长时间盯着手机看，视力会下降很快，出去转转放松下眼睛吧。"
>
> "儿子看看我，你可怜的老妈在等你吃饭，都望眼欲穿啦！"
>
> "有什么事要跟同学商量吗？能不能也跟我们说说，咱们一起想办法？"
>
> "我们都挺担心你玩手机耽误学习，你要学会时间分配啊！"

除了选择适当的说话方式，父母还要以身作则，要求孩子做到的事，自己首先要做到。比如手机这个有争议的话题，父母不妨和孩子"约法三章"，互相监督，言出必行。

沉浸在"王者"世界

自从给孩子配备了手机和电脑，做父母的就严格监管，好在他每天都能按时上学、回家，还会安安生生学习、写作业，你终于可以放心了。

很快你就发现，你放心太早了。他的成绩一路下滑，听课也不认真，课堂笔记也不写了，有时候连作业都不交了，作业经常是写到半夜也写不完。你觉得很奇怪，作业不多，他每天躲在房间里干什么呢？

半夜了，你以为他睡熟了，结果发现他躲在被窝里悄悄打游戏。你没收了他的手机，凌晨 3 点又被奇怪的声响吵醒，他戴着耳机跟"队友"连麦，指挥着别人怎么"防御"、怎么"攻击"。他神情专注地坐在电脑前，连你站在他背后都没发现。你千防万防，还是没能防住他玩网络游戏！你以为他在学习的时候，他竟然是在学习怎么玩游戏！

你气得拔了他的网线，让他靠墙站着，开始历数他的"罪状"——

"你有没有点羞耻心？每次考试考几分心里没点数吗，你怎么还好意思打游戏？"

"你知不知道上学要花多少钱？能不能懂点事？每天混日子，钱都白给你花了！"

"就你那一塌糊涂的成绩，还指挥别人打配合？醒醒吧，看看还有谁肯跟你玩？！"

"整天不学无术，不听课、不记笔记，再让老师找家长，你就给我从这儿滚出去！"

你每个字都说得咬牙切齿，恨铁不成钢地放着狠话，他却面无表情地盯着地板，偶尔瞥你一眼，语气中毫无波澜，甚至带着几分挑衅——

"分数低就不配玩游戏吗？分数再低我也是个'王者'！"

"我有一整套装备，值好多钱，等我把装备卖了，就把钱还给你！"

"想跟着我混的'青铜'多了去了，他们打游戏都没我厉害，都自愿听我指挥！"

"骂完了吗？骂完了能不能让我睡觉？什么破老师，一天天就会跟家长告状，一看就是个'菜鸟'！"

你无比震惊地看着面前这个沉浸在游戏世界里的"王者"，特别想上去打醒他，他怎么从之前的好学生变成了现在这副模样？

青春期的孩子自控力差，很容易受到外界影响。网络游戏设置的场景非常逼真有趣，除了虚拟现实，还具有极强的娱乐性和互动性。在游戏世界中，孩子可以"过关斩将"成为万众瞩目的"英雄"或"王者"，也可以一路"升级打怪"到达"人生巅峰"。这种满足感和成就感，对青春期孩子而言具有致命的吸引力，孩子很容易沉迷其中、无法自拔。

学科增多、学习难度加大，很多小时候成绩很好的孩子，在进入中学后会感到越来越力不从心。孩子成绩不好、学习方法不对，父母的第一反应往往是不停催促、唠叨、责骂，孩子很容易产生抗拒心理，想要寻求释放压力的途径，而网络游戏就是他逃避现实、释放压力的一个很好选择。如果孩子和父母长期处于一种恶劣的关系中，就会导致他对游戏的依赖越来越严重，形成"网瘾"。

发现孩子玩游戏后，父母先不要急着打骂，要注意交流方式，了解他的需求，这才是解决问题的关键所在——

"这么难的游戏攻略你都会，这可比数学公式难多了，咱们复盘一下，你上次考试，数学卡在哪一步了？"

"这么多装备都是你打下来的？简直太棒了！化学实验步骤对你来说还不是小菜一碟，肯定也能一举拿下！"

"你们这配合打得简直绝了！这么多人都听你的指挥，以后学习、生活也一定能做好规划，对吧？"

"看你心情不好，打游戏就当放松了，后面就该紧张起来了。咱在现实中也得当个'王者'，谁怕谁啊，对吧？"

帮助孩子远离网络游戏，父母的关心和沟通十分重要。

青春期的孩子有着很强的自尊心，成绩是他表现个人能力的一种方式，老师、家长的批评和同学的嘲笑，让他压力倍增。现实中的失败短期内得不到解决，玩游戏就成为他缓解压力、寻求安慰的一种方式。

这时候，父母就要多和孩子沟通，找到问题所在，给他减压、帮他建立信心、寻找问题的解决之道，也帮他及时摆脱对网络游戏的依赖。

一叫"大哥"就打赏

自从给孩子买了手机，父母和孩子对手机使用权的"争夺战"就没有停止过。你发现，他的大多数时间并不是在学习，而是在偷偷玩游戏或是刷视频。他坐在那里一动不动，你以为他是专注于学习，结果发现他正在看搞笑直播。他边看边笑，还不停地发着消息。

你发现那个主播喊他"大佬""大哥"，他就很豪迈地甩出红包打赏。你粗略算了一下，最近一个月，他竟然打赏了几千块钱。

他的零花钱不够他打赏用，他的压岁钱和你给他存的备用金也被刷走了一部分，数额过万，已经远远超过了给这个主播的打赏。

这么多钱都花在哪儿了？原来他关注了十几个主播，一开始他还只是偶尔打赏一下，越往后打赏越密集，前不久在家里上网课的时候，他几乎每天打赏，金额也越来越大。这几个月，他把零花钱、压岁钱都花完了，还动用了你给他存的备用金。

原以为玩游戏影响他学习，却没想到他看个直播还能败家！你撸胳膊挽袖子，一边找揍他的趁手工具，一边冲着他劈头盖脸就是一通骂——

"你个败家子儿！干啥啥不行，败家第一名！这个家早晚让你败光！"

"你脑子有病吧，打赏这么多钱？你都把钱给谁了？以后一分钱我也不会给你！"

"看我打不死你！我省吃俭用把钱省下来给你，你倒是大方，花钱如流水，转手就把钱给了别人！你挣一分钱了吗，就敢这么花？"

"好的学不上，坏的学得像！你上学学了个啥？一天天不学习就盯着手机，还学人家当什么'大哥'？那些人知道你是谁吗，你就给打赏？"

不等你的拳头落到身上，孩子已经知道怕了。他明白了事情的严重性，显得声虚气弱，开始支支吾吾地为自己辩解——

"你别动不动就骂这么难听，我真那么差吗？我刷视频就是想放松一下，没想到能成为'榜一大哥'，我一兴奋就上头了。"

"我就只打赏了几个喜欢的主播，每次也只打赏一点点，真的是一点点！我也不知道怎么回事，怎么会打赏了那么多钱啊！"

"主播一直叫我'大哥'，我感觉特别有面子，就忍不住想表示一下，送个礼物、打个赏什么的。"

"那些主播都很尊敬我，一直喊我'榜一大哥'，一直夸我，我觉得不打赏都不好意思。"

这个比自己还高的孩子毕竟年龄不大，心智也还不够成熟，被那些主播叫上几句"大哥"就上头了，根本没意识到他打赏的都是父母的"血汗钱"。他就算意识到自己做错了，可再遇到类似的事情，他可能还是会被"忽悠"几句就又轻易"上套"了。

青春期正是自我价值观形成的关键时期，孩子已经开始尝试建立自己的社交圈子，并通过他人对自己的认同来获得成就感和满足感。他通过打赏被主播们尊称为"大哥"，这让他觉得自己得到了他人的关注和尊重，他没有意识到，这种关注和尊重是建立在金钱基础上的，与实际生活中的人际关系有着很大的区别。即使意识到，他也并不具备解决问题的能力，他宁可自欺欺人地沉湎其中，也不愿意直面残酷的现实。

父母不仅要提醒孩子，还要指导他如何正确对待外界的诱惑。

家庭是孩子最早接触的课堂，父母就是孩子的第一任老师，父母的处事态度和方式，会对孩子产生非常深远的影响。父母遇事沉着冷静，孩子遇到事情也就会先想解决办法；父母大喊大叫，孩子遇事也就会惊慌失措，先想着如何推卸责任。

因此，在跟孩子沟通时，父母要理智，要学会好好说话。比如在处理"打赏"这个问题时，你就可以这样跟孩子说——

"法律规定，8周岁以上、18周岁以下的未成年人都是限制民事行为能力人，也就是说，父母是你的法定监护人，我们有责任和义务来监督你、提醒你。"

"许多直播平台都需要实名认证，就是为了防止一些小孩子打赏或者做其他不合适的事。这是平台应该负起的监管责任。如果没有实名注册，这个平台就违规了。"

"父母对孩子有监管责任,以后我们得定期查询你的账户,你也要学会管理自己的钱,把钱用在合适的地方。"

"网络上存在各种圈套和陷阱,你要学会辨别。想方设法让你花钱、打赏的,你觉得是不是真的对你好的人?"

父母一定要站在孩子的立场,理解孩子的心理。这个阶段的孩子特别想得到他人的尊重,特别是男孩子,更希望能够得到他人的认可和推崇。许多网络直播就是利用青春期男孩心智尚不成熟、认识能力和自控能力差、容易盲目冲动等特点,诱导他打赏。主播的赞美和尊重,其实是一种诱导性话术,会促使打赏的观众沉浸其中。

父母可以利用这个机会,对孩子进行法律知识普及,让他多了解相关案例,防患于未然。对已经造成的损失,可以通过法律手段进行止损和追讨。

这个过程最好让孩子全程参与,既要让他明白自己一时冲动会造成的可怕后果,也要让他了解,作为一个"男人",造成严重后果后最重要的不是互相指责,而是解决问题、承担起自己应该背负的"责任"。

要解决孩子沉迷网络这类问题,要和孩子及时沟通,还要限制他的上网时间,在日常生活中,也要培养他正确的金钱观,让"小男孩"真正成长为一个"大男人"。

偷偷去 "奔现"

青春期的孩子总是状况百出，让父母焦头烂额、应接不暇。最近，他又出了新状况——他居然"网恋"了。

孩子每天都要接触手机、电脑，对于他会玩游戏、跟人聊天等状况，父母其实都是有心理准备的，但你万万没想到，他会对一个素未谋面的人产生好感，不但每天都要不停地聊天，还发展到准备线下见面了。

他"早恋"的苗头表现得太明显，跟以前简直判若两人——他平时根本坐不住，最近到家第一件事就是打开电脑，奋笔疾书，作业的完成速度比以前都要快很多，居然都做对了。很快你就发现了他和网友的聊天记录，两个人商量好了见面的时间和地点，这个周末就要见面了。

他和网友约定考试冲进班级前十名就见面，他兴奋地向网友宣布自己达成了目标，兴冲冲地和网友选择见面的时间、地点。最近几天，他一直在做准备，连见面后去哪里吃饭都选好了。

你被气得血压都飙升了，他一个十几岁的孩子，什么都不懂就想着恋爱！你没收了他的手机，口不择言地对他劈头盖脸就是一顿臭骂——

"你一个小屁孩懂什么喜欢不喜欢，不好好学习，居然学人家玩'网恋'，是不是又想让我打断你的腿？！"

"好女孩会大老远跑去见一个从来都没见过的人吗？一看就不是个好人，以后你给我离她远点！"

"你知道对方是什么人吗，就敢偷偷跟人见面？万一对方是传销的、是诈骗犯、是人贩子呢，现在的不法分子那么多，遇到危险怎么办？"

"手机没收，电脑你也不许再用，以后也别想着随便出门！除非我死了，否则你这辈子都别想跟那样的人在一起！"

他被你的怒气吓到了，但很快就反应过来，要抢回手机，被你拒绝后，他气呼呼地跟你吵起来，嗓门大得直接盖过了你的声音——

"你凭什么没收我的手机？我已经长大了，我知道自己在干什么，我也没耽误学习，我这次考试成绩进了年级前十，你别总盯着我的缺点好吗？"

"你天天教育我不要随便评论别人，你又没见过人家，凭什么说人家坏话？这就是你所说的教养吗？"

"你为什么总喜欢把人往坏处想呢？我知道她长什么样，也知道她不是坏人，她一直鼓励我好好学习，我能判断好人和坏人！"

"你简直不讲道理，简直就是个独裁者！我有权利交朋友，我想跟谁在一起就跟谁在一起，你别想困住我！"

自家孩子比较听话，你没想到，这次他居然非常执拗地开始跟你"杠"上了，不但跟你吵，还很直白地跟你对着干，一句句话把你说得哑口无言。他那毫不妥协的样子让你非常头痛，现在僵持起来，他真要像别的孩子那样，不让出门就不吃饭、就闹着跳楼，你又该怎么办啊？一想到那种糟糕的情形，你的血压一下子又飙升了。

青春期确实是一个会让父母时常心惊肉跳的阶段。

这个阶段的孩子正处于被荷尔蒙支配的特殊时期，开始对异性感兴趣，甚至对异性有朦胧的好感，这些都是孩子自我意识、独立意识、社会交往意识觉醒的表现，再正常不过，父母一定要保持冷静、不急不躁。

在这个时期，孩子往往觉得自己已经长大了，喜欢独自尝试，希望获得他人的认同和关注。社交网络正好为他提供了一个探索和尝试的平台，满足了他的好奇心。受年龄和阅历的限制，他很难客观认识网络与现实的区别，更无法通过网络判断真假，因此很容易上当受骗。

父母恨铁不成钢，一心拦着孩子不让他犯蠢，可冲动又执拗的男孩不是那么容易听进别人的劝导，哪怕劝他的是最爱他的父母。

父母不要急于否定孩子的想法，不管是劝阻他还是支持他，你的初衷都是为他好，你的目的都只有一个——让他健康成长。

只要明确了这一点，你就能保持情绪稳定，冷静地看待孩子的各种行为。你也就能相信孩子，让他知道：你无论如何做、表现如何、我们之间无论存在什么样的分歧，你都是我亲爱的孩子，我会依然爱你。

劝导孩子的第一步，就是和他好好说话，你也要坚信，正在长大的他能明白你的关爱和善意。你完全可以心平气和地好好和他沟通——

"你真挺棒的，不管怎样都没耽误学习，知道把学习搞好才是最重要的事。果然长大了，能分清楚轻重，相信你那个网友也是这样想的。"

"你有没有跟那个网友视频过，或者看过她的照片？听说现在网络上好多美女其实都是抠脚大汉装扮的，她敢过来见你，应该是真的美女吧？"

"你知道我胆子比较小，网上那么多案例都是见网友被拐、被杀、被摘器官或者被扔到国外搞诈骗传销。我很怕你会遇到骗子，防人之心不可无啊！"

"你们见面一定不要挑偏僻、人少的地方，最好是在你熟悉的、人也比较多的地方，见面前一定要看清楚她身边还有没有其他人，首先一定要确保你自己的安全。你可是咱家的宝贝，必须得一根毫毛不少地安全回来。"

网络也是社交的一种方式，不管孩子跟网友"奔现"是出于什么目的，对他来说，这也是一种成长和历练。父母不要一味阻拦，要及时给予他指导和帮助，告诉他什么才是真正的爱恋，帮他分析网恋的潜在风险，引导他学会正确的适合他这个年龄的人际交往方式，顺利度过这段情感探索时期。

青春期的孩子自控能力比较差，父母要多帮他分析各种可能存在的问题和潜在的风险，让他多接触现实社会，要让他知道两个人在一起要应对各种各样的现实问题，还要面对真实而琐碎的现实生活，根本没有想象中那么轻松美好，帮他及早从"网恋"的虚幻情感中逃离出来。

香烟、美酒、"男人味"

孩子长大了，周末和假期经常会约朋友们一起出去玩。做父母的非常欣慰，这证明他有了自己的社交圈子，又向成人世界迈进了一步。你希望他能多交些朋友，跟大家一起学习、互相督促、共同进步。

很快你就发现，他出去玩的时间越来越长，放学后会很晚才回来，周末经常一整天不回家，你还能从他身上闻到烟酒的味道。

你开始还心存侥幸，但很快就印证了你的猜测——他和几个男孩围坐在一起，地上放着喝空的酒瓶，他的手指间还夹着点燃的香烟。

你沉着脸把他带回家，忍住了揍他一通的冲动，硬憋了一路的怒火却再也忍不住，冲着他开始训斥——

> "胆儿肥了啊！竟然敢喝酒了，还抽上烟了，想挨揍了是吧？！"
>
> "看看你这副鬼样子，小小年纪抽烟喝酒，你这辈子也就这点出息了！"

"真是'物以类聚，人以群分'，每天放学不回家，跟着那群吊儿郎当的小流氓，你能学什么好？"

"以后放学就给我滚回家去，周末也不准出门！你要是再敢跟着他们鬼混，看我不打断你的腿！"

父母恨铁不成钢，在气愤之下又能说出什么好话呢？孩子不知道是羞愧还是害怕，脸憋得通红，最后憋出几句硬邦邦的话来——

"你平时不是常说，男人就是要会抽烟、会喝酒，这样才显得更有'男人味'吗？"

"你刚才还抽烟呢，凭什么你可以随便抽烟、喝酒，我抽烟、喝酒就不行？"

"抽点烟、喝点酒怎么就成小流氓了？你怎么能乱搞人身攻击呢？"

"你凭什么不让我出去？我都多大了，有权利做自己想做的事！"

你没有想到孩子不再像以前那么听话，甚至根本不觉得自己错了，还敢质疑父母。你也确实在很多场合说过"男人就应该抽烟、喝酒"之类的话，但你从来没想过，他用你的行为和话语来"打脸"。

父母是孩子的第一任老师，家庭就是孩子的第一所学校。人要先从家庭教育走向学校教育，最后才是接受社会教育。家庭教育是人这一生中接触时间最早、受影响时间最长的一种教育方式。父母的言传身教，将会对孩子的成长产生至关重要的影响，是其他任何教育都无法替代的。

许多孩子都会把父母的行为当成自己的模仿样板，特别是青春期的孩子，总会不自觉地套用父母的行为模式。父母不希望孩子抽烟、喝酒，就应该避免做出这些行为。如果实在无法避免，也要开诚布公地和孩子实话实说，特别要强调某些行为可能会带来的后果和风险。

在传统的家庭教育中，父母总爱高高在上说教，对孩子进行道德评判，甚至会对孩子冷嘲热讽，用"没出息""蠢""笨"来评价孩子，给孩子带来极大的心理压力，甚至会造成心理阴影。

在家庭教育中，父母对孩子的"爱"应该贯穿始终。父母的"爱"会给孩子带来安全感，看到孩子抽烟、喝酒，父母先要了解的，应该是孩子的情绪，也就是他为什么要这么做，背后有什么原因。在沟通时，父母也要学会克制自己的情绪，不要一上来就指责谩骂甚至拳脚相加，要学会跟孩子好好说话。比如发现孩子抽烟、喝酒了，父母可以这么说——

> "人们常说'借酒消愁''抽烟解压'，你是遇到什么难题了吗？有什么我能帮忙的吗？"
>
> "抽烟、喝酒对自己和家人都是一种伤害。我应酬时要抽烟、喝酒，现在正在戒，请你监督。"
>
> "抽烟有害健康，牙齿会变黄，肺部会变黑甚至发生病变。烟酒上瘾后危害很大，我希望你不要沾染。"
>
> "抽烟对你的伤害很大，真正的朋友不会让你受到伤害的。你要擦亮眼睛，知道哪些朋友该交，哪些人要远离。"

父母必须有明确的态度和立场，告诉孩子抽烟、喝酒带来的危害，拒绝烟酒也是中学生最基本的行为规范之一。父母要找到他这么做的原因，寻找能满足他需求的替代方法，让孩子健康成长。

狂放不羁爱自由

父母最近非常头疼，本来还算乖巧听话的孩子，在进入中学后就变得越来越"叛逆"，不爱学习就算了，还交了一堆乱七八糟的朋友，经常玩到很晚。你很担心他会跟着那些"朋友"学坏，每次他都答应得好好的，可是一转眼，他就又跟那些人玩到一起去了。

几次之后，他不再正面跟你对抗了，而是把所有的聪明劲儿都用来"对付"你了，你怎么找也找不到他，就只能回家焦急地等着，在你快熬不住想要报警的时候，他跑回来了，时间也到了后半夜。

毕竟是自己的孩子，就算火冒三丈，你也舍不得真打他。如此三番五次，你发现说教根本没有什么效果，他已经夜不归宿了。你非常担心他会走上歪路，决定要狠狠地教训他一通。终于在一间酒吧找到了他，他和那几个"朋友"正坐在一起，桌上还放着酒杯。

看到他和那几个"朋友"又想逃跑，你终于忍不住了，把他的那些"朋友"打发走后，你就冲着他大吼起来——

　　"他们是不是让你喝酒了？你以后不准再跟他们一起出来！"

　　"你看看那都是些什么人，一个个吊儿郎当的，你跟他们能学到什么呀？"

　　"你才多大，居然敢跑到酒吧里来了？你知道酒吧里都有些什么人吗，就敢跑出来混？"

　　"你不许再跟这些人见面了，你跟着他们又是喝酒又是抽烟，再跟着这些人，只会学一身坏毛病！"

　　没想到，平时还算比较听话的孩子，突然间就暴跳如雷，他发现挣脱不了你的束缚，就开始高声冲着你大喊大叫——

　　"不是他们让我喝的，是我！我自己要喝的！他们是我的朋友，我为什么不能跟他们一起玩？"

　　"他们都是我的朋友，不是坏人，你不要说他们的坏话，我去他们家的时候，他们的家长就没这么说过我！"

　　"我马上就要成年了，到酒吧里来怎么了？酒吧里这么多人都是坏人吗？你为什么总是把别人想得那么坏？"

　　"你简直就是个大独裁者！你什么都要替我做决定，我已经长大了，做什么是我的自由，交朋友也是我的自由，你管不着！"

　　做父母的真是无力又悲哀，想把他好好保护起来，让他不受一点伤害，在他看来，却是限制他自由、干涉他活动，让他非常反感和抗拒。他根本没有什么社会阅历，也不知道这么瞎闯会招惹什么麻烦和危险。你只是想让他的生活过得顺遂一点，不想让他冒险，这又有什么错呢？

青春期阶段，孩子精力足够充沛，有着极强的好奇心和探索精神，对新鲜事物也有着很强的感受能力。他非常渴望归属感，希望能融入同龄人的圈子，得到同龄人的认可和肯定。他渴望长大，渴望独立，渴望吸引他人的目光，在这种冲动的支配下，他做事容易不计后果，也没办法很好地掌控自己的情绪和行动。

在这一阶段，如果父母和孩子没办法好好沟通，孩子就会用一些不恰当的方式来表达自己的不满，比如父母说的话他不愿意听，父母不让他做的事他偏要去做，父母对他的批评和抱怨他偏要反抗、顶撞……这时候，父母要学会换一个角度来观察和反思这些情况，试着倾听孩子的需求，尝试修复和孩子之间的关系，特别是因为主观判断造成的"裂痕"。

这种"裂痕"的修复需要一些"技巧"，特别是由父母引起的亲子关系破裂，就更应该通过语言表达的方式来进行"和解"。孩子的成长是一个缓慢而细致的过程，对孩子的教育同样需要时间和耐心。和孩子好好说话，是修复亲子关系的前提和关键所在。

比如孩子去酒吧这件事，父母可以向孩子坦承自己的担忧，说出自己的想法，征求孩子的意见。双方心平气和地表达自己的需求，才能达成和解。父母可以这样说——

"你不打招呼就偷偷带一群朋友到家玩，而且一玩就是好几个小时，打扰全家人正常的作息，这让我觉得你很不尊重我，我很生气。"

"你可以交朋友，但你现在还是中学生，像这样玩到大半夜，第二天根本没有精力好好学习，而且酒吧这种地方什么人都有，我非常担心你的安全。"

"你们都只有十几岁，酒吧、KTV 这些地方并不适合你们去。对自己不熟悉的地方，一定要多加小心。媒体上经常会有一些这方面的报道，我非常害怕你会遇到危险。"

"你可以交朋友，但不要为了迎合朋友，去做一些不恰当的事。真正的朋友会为你着想，不会强迫你去可能会有危险的地方。你经常和这些朋友半夜跑出来，我会担心你，他们的家人就不会担心他们吗？"

孩子在成长过程中，经常会试探着去做一些父母不允许的事情，比如交往一些父母眼里的"坏朋友"。这时候，父母通常会下意识地把过错归咎到那些"坏朋友"身上，而把自己的孩子看成"受害者"。殊不知，可能在那些"坏朋友"的父母眼里，你的孩子也是这种"坏朋友"。

父母要让孩子知道你的担忧、恐惧和生气的原因，让他知道你为什么会反对他这么做。要向孩子坦诚地表达你想要修复关系的意愿，甚至可以征询他的意见。父母一定要让他感受到重视和尊重，找出他的目的，才能让沟通更顺畅，也才能更有效地解决问题。

Part 6

"帅哥"的"秘密"

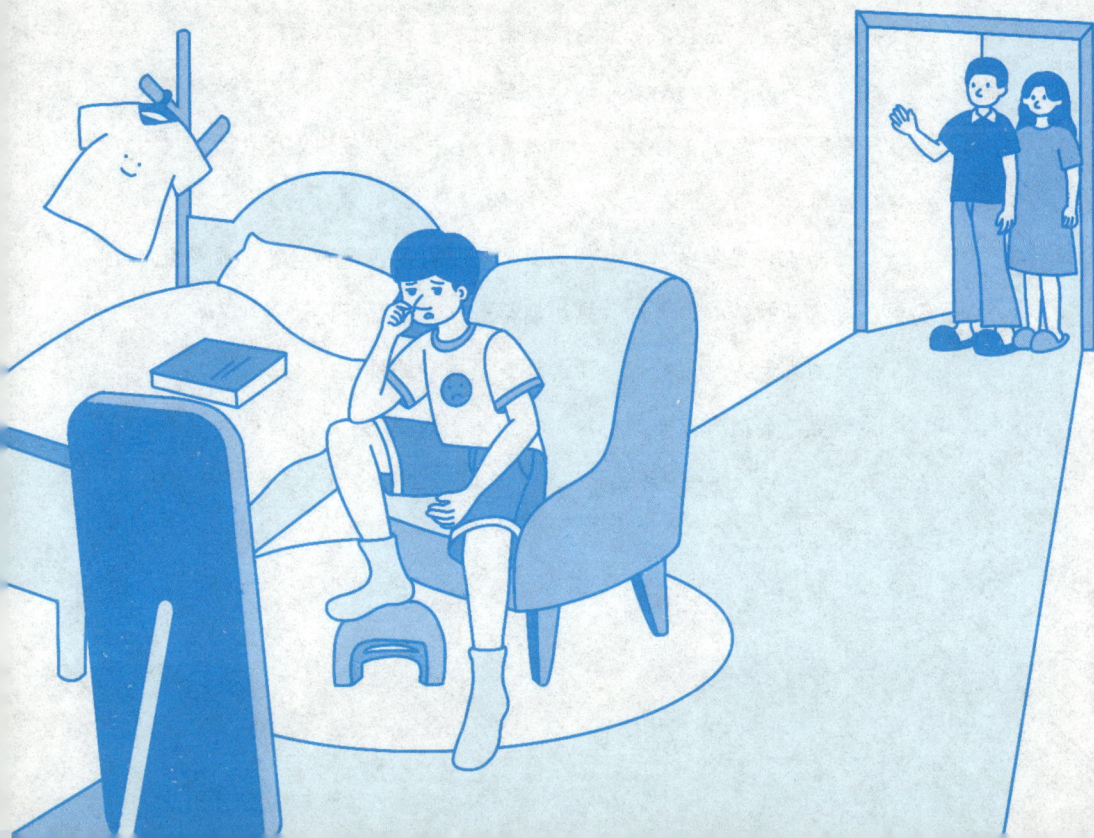

"我到底是个什么样的人？我的身体有着怎样的秘密？"

青春期的男孩子很容易压抑和迷茫。不知不觉间，他长高了、长壮了，声音变粗了，他的身体时时刻刻都在发生着变化，心理也跟着产生了许许多多微妙的变化。他开始关注自己外貌和身体特征，关注身边的人和事，对外面的世界充满了向往。

青春期的男孩矛盾而困惑，有太多的未知让他感到好奇，有太多的新奇让他想要尝试，有太多的诱惑让他难以抗拒。

他的外表看起来像大人了，内心却仍是那个没长大的小男孩。他的内心正经历着成长的狂风暴雨，有许多困惑和疑问不知道该去问谁。每每提起一些话题，父母要么语焉不详，要么讳莫如深，他不知道该去哪里获取信息，只能自己摸索、探寻。这种信息差，让孩子在成长过程中对自我认知产生了偏差，甚至会带来情绪和行为方式的障碍。

青春期的男孩，一半成熟，一半单纯。他尝试着用成年人的视角来理性解决问题，却仍保留着孩子的童真感性，用少年的善良和激情来对待这个世界。

"谁能告诉我答案？爸爸妈妈，你们可以跟我聊聊吗？"孩子极度渴望来自父母的关心和理解，热切期待着你跟他好好说话。

父母的爱无人可以替代，而沟通是通向爱的桥梁。

父母要学会倾听孩子的需求，解开孩子的疑惑。在父母的关爱中成长的孩子，会更加健康、阳光地成长，会以更加自信的面貌来面对学习、生活和更远的未来。

青春期，一切未完待续……

"没脸" 见人了

　　为了让孩子长得又高又壮，父母在孩子还很小的时候，就开始给他增加营养。几年坚持下来，孩子长得胖墩墩的。进入中学后，其他孩子都开始长个子了，他开始着急了。你让他多吃东西增加营养，他却开始抗拒吃东西了，鸡蛋只吃蛋白，把蛋黄偷偷扔掉，牛奶他喝一半倒一半，只吃几口就说饱了……

　　你还发现他每天都拿着药膏往脸上抹来抹去，原来是脸上长了几个小痘痘。这本来是青春期孩子最常见的情况，对他来说却似乎是天大的事。脸上的小痘痘都被他挤破了，药也不怎么管用，痘痘却越来越多。

　　最近几天，这孩子一直不想去上学，说什么也不肯出门。你好言好语地劝说，终于耐心耗尽，没好气地冲着他发火——

"不就是长几个痘痘吗，谁还不长个痘痘啊，谁像你似的不去上学？"

"你一个男孩子，一天到晚老拿着个镜子照来照去的，像什么样子！"

"我辛辛苦苦给你做好早饭，你不吃就算了，还把蛋黄都给我扔沙发底下去，你想干什么啊？"

"你天天嫌自己不长个儿，可你不肯增加营养，每天只吃那么几口饭，就这么饿着还怎么长个儿？现在又不肯上学，到底想折腾什么？"

不管你怎么说，他就是坚持说不舒服不想上学。你生气地要带他去看病的时候，他终于崩溃地冲你嚷起来——

"你看我脸上多难看！我为什么会长这么多痘痘啊？同学们都笑话我，我不想上学了。"

"我照镜子就是在看脸上的痘痘。不是说抹上药就能治好这些痘吗，为什么我抹上药也不管用？"

"别人长痘几天就好了，肯定是因为我的脸太胖、脸上营养太多了，才会长这么多痘痘，而且越长越多。我要减肥，瘦了就没这么多痘了！"

"我又胖又丑，脸上还长了这么多痘痘，脸都'烂'了，我真觉得没脸见人了！你就帮我请假吧，要不就休学好不好？等我脸上没有痘了再去上学行吗？"

只不过是脸上长了痘痘，被同学开玩笑说了几句，这本来就是一个非常小的问题，他居然想要休学。为了治好痘痘，他不光每天抹药、照镜子，还想着减肥。虽然说"爱美之心人皆有之"，可也不至于为了治痘，就把本该学习的时间白白浪费。这孩子的心理素质怎么会这么差呢？

进入青春期后，孩子的生理和心理都在逐渐发育成熟，孩子会更加关注自己的身体发育情况，如果发现自己存在某些"弱点"，或者有比较明显的"缺陷"，他就会变得非常敏感。比如发现自己没有别人长得高、没有别人那么帅，别人的眼睛大，自己眼睛却小得像没睡醒，别人长得很白，自己的皮肤却很黑，别人长了胡子自己却没长，别人长得像明星，自己却长了一脸痘……孩子在成长过程中会遇到的小烦恼大多和生长发育相关。

青春期的孩子会很在意自己的身体和形象，这都是自我意识发展引发的变化。孩子对自我的关注首先体现在对自身形象的关注上。别人对他的衣着打扮是否欣赏，对他的身高、胖瘦、外貌会怎么评价，对他的仪态和品位会不会认同，这些在成人眼里的小问题，都会成为孩子的心理负担，会让孩子变得自卑、沮丧，甚至会引发抑郁等心理问题。

父母不要盲目批评孩子，不要觉得他"变坏"了、把心思放在学习之外的其他事情上了，这是青春期身心发育引发的正常现象，孩子通过和别人的对比，对自己的形象失望，如果不良情绪不能及时疏导，就可能引发他一系列心理问题，对他产生消极影响。

作为孩子信任的人，在孩子产生焦虑情绪时，父母要帮他学习相关知识，正确认识自己的身体变化，对自己有一个正确的评价。

在和孩子沟通的时候，家长一定要端正态度，不能觉得无所谓，还要注意自己的语气，要以一种平等交流的态度好好说话，不要轻视，更不要嘲讽。你可以试试这样说——

"这些痘痘是青春期才开始长的，所以又叫'青春痘'。这是开始长大的一种标志，说明你发育很正常，你应该高兴才对。"

"这些'青春痘'一般是过了青春期就会没了，你平时要多注意个人卫生，好好洗脸，保持脸部清洁，不要吃对皮肤有刺激性的东西，更不能挤破它。"

"95%的男孩子都多多少少长过痘痘，我可以很明确地告诉你，长痘跟你的体重没什么关系，但你不好好吃饭，身体必需的营养不够，就会对你的身高有很大影响。"

"我买了几本青春期生长发育的书，你们学校有生理卫生课，你也可以向老师咨询，这些都是正常变化，为这点事耽误学习，非常不值得。你要是还不放心，我带你去医院检查一下，好吗？"

父母要纠正孩子的一些认知方面的偏差，要让孩子明白，每个人的身体都值得尊重和欣赏，在这个世界上，没有谁是十全十美的，每个人或多或少都会对自己的外貌不满意，要学会接纳自己，发挥自己的长处，扬长避短，积极锻炼，养成健康的体魄，培养属于自己的独特魅力。

秀完腿毛秀腹肌

青春期真是一个充满变化的阶段，家里"熊孩子"发现自己开始长个儿后，每天都要对着镜子照来照去，不时地摸摸下巴、摸摸脖子，对比自己和爸爸的喉结大小。他有意无意地站到父母身边比比个头，家里的健身器材也被他充分利用了起来，每次锻炼完，他都特别有成就感地弯起胳膊，对着镜子展示胳膊上的肌肉。路过小区的健身器材时，他也会跳起来做几个引体向上，平时刷的视频也全是些"如何练出腹肌"等。

最近他经常会拿剪刀，对着自己的腿毛比画，拿刮胡刀剃毛，还拿出手机对着自己的腿和腹部一通拍。

你实在忍不住，直接推门走进去，语气不善地训斥他——

"你瞎折腾什么呢，作业写完了吗？"

"一天天没个正形，没事你用刮胡刀刮腿干什么？！"

"是不是又跟你的狐朋狗友聊天？以后不许跟他们联系，整天不学习瞎聊什么！"

"把手机放下！谁没事拍自己肚子？怎么又在胡搞，这又学了什么乱七八糟的东西？"

他被你吓了一跳，手忙脚乱地收起手机、剪刀、刮胡刀，看看被你打开的房门，再看看你，又气又急地瞪着你，语气中都带着委屈——

"你进我房间为什么不敲门？我一会儿就写作业，你先出去行吗？"

"他们都笑我腿毛长，说我腿上全是毛，长得像猴子一样，我不想被人笑就想刮了，怎么就没正形了？！"

"我同学不是狐朋狗友！他们关心我，还帮我出主意，我除了学习就不能交几个朋友吗？就说几句话怎么了？"

"我锻炼这么长时间了，怎么还没腹肌啊？我拍下来对比一下，没有胡搞！"

看着他委屈的样子，听着他委屈的话，你不禁感到好笑：到底还是个孩子啊，把注意力放在长不长腿毛、有没有腹肌这些鸡毛蒜皮的小事上，甚至对自己的腿毛"动刀"，应该是真的很在意。哪个男孩不长腿毛、谁又会关心一个小屁孩有没有腹肌呢？

青春期是一个非常特殊的阶段，男孩子会更加关注自己的外貌和身体特征，也会有意无意地比较自己和同龄人之间的差异，希望自己能够"正常"，甚至"出众"。如果身体特征某方面不如别人，他很有可能会感到自卑。因为某些特征得不到同龄人的认同，他还可能会感受到压力。

然而，父母经常会用成人的眼光来评判孩子的行为。其实少年的世界并不大，可能你觉得很小的事情，在他那个小小的世界里，就是天大的事。这个时候，作为父母，不应该嘲讽和无视他的需求，更不应该对他随意进行道德评判，在不了解的情况下就对他的行为进行斥责和贬低。

父母要及时关注和了解孩子的困惑和难处，给他提供帮助，科普相关常识，帮助他建立自信心，顺利度过这个特殊的时期。

在沟通过程中，父母一定要注意说话方式，比如针对他关心的腿毛和腹肌的问题，你可以这么说——

"恭喜儿子，你已经长成一个男子汉了，这些腿毛就是你长大成熟的标志，让你显得很MAN、很酷。"

"腿毛有大用处，它是皮肤的天然屏障，既能缓冲外界的摩擦，又能避免微生物侵袭，可不能随便刮。你要记住，健康比外表更重要，我们都希望你能健康成长。"

"健身是个好习惯，只要体脂率保持在15%左右，就能有漂亮的腹肌，还能有个好身体。加油啊，小子！"

"每个人的生长发育速度都不一样，不用着急。锻炼的时候记录下成果，过段时间就会有明显的差别了。这个方法也可以用在学习上，你要不要试试？"

腿毛、喉结和腹肌等都是男性成熟的标志和特征，孩子可能会对生长发育不太适应而引起心理波动。父母要及时跟他沟通，了解他的真实想法，陪他一起学习相关知识，避免孩子的身体造成伤害。

我一点都不 MAN

　　似乎只有一个夏天的时间，孩子突然就个子蹿高了、声音也有了变化，已经隐隐有了成年人的模样。父母很开心地帮他记录下身高，给他增加营养。孩子也对自己的生长发育情况开始关心起来。

　　他以前废话连篇，现在却越来越不爱说话，一句话能说清楚的事情，他绝对不会再说第二句。他似乎有了心事，但不管你怎么问，他就是什么也不肯说。

　　他似乎对自己的外表非常在意，每天比完身高，对着镜子照脸、照腿、照胳膊，还会张着嘴照来照去。在和同学一起出去时，他还会跟人家比一下个子和喉结，还会偷偷观察别人的腿毛。他看到别的同学都有着很明显的喉结，自己却没有，还特意找出高领的衣服，有意无意地遮挡脖子，不敢让人发现自己的喉结还没长出来。他还会上网去搜资料，比如身高、体重、变声期有多长、喉结和体毛什么时候长，甚至还会搜索皮肤白是不是健康的问题。

　　他用这种方式，对比观察自己的发育是不是正常。他原本性格很开朗，现在竟然郁郁寡欢，变得特别不自信。他不跟人面对面说话，一谈论与身高、体重相关的话题，他就会躲开或者生硬地岔开话题，很明显是在回避。

你实在搞不明白，就是正常的生长发育，为什么会让他有这么大的变化呢？再次询问无果后，你生气地训斥他——

> "看你那没出息的样子！每天畏畏缩缩的，都要躲到角落里去了，你到底在怕什么？"
>
> "你能不能说话声音大一点？一个男孩子，怎么说话跟个小姑娘似的！"
>
> "把衣服换了！这么热的天气，你每天把自己捂那么严实干吗？"
>
> "别整天胡思乱想的，能不能把精力放到学习上？一天天的想啥呢？"

你的怒气值太高，他似乎被你吓住了。看着你难看的脸色，听着你的怒吼声，他眼泪的开关似乎一下子就被打开了，他哭得越来越厉害，似乎要把这段时间的憋屈全都哭出来——

> "同学们的个子都超过我了，为什么就我不长个儿，也没有喉结和胡子？我不想跟他们不一样！"
>
> "为什么我个子不高、不长腿毛、皮肤还很白、声音还又细又尖，他们都说我像个女孩子，一点都不 MAN。"

"网上说发育不良的人声音不会变粗，个子也不会变高。我是不是发育不良？我不想让别人笑话我！"

"我以后是不是就长不高了？他们还说，我长得像女孩，以后不能考大学、不能工作，也不能结婚。你能不能带我去做手术？我不想做个怪物！"

孩子的委屈那么多，你觉得有点心疼。原来在你不知情的时候，他的内心受到这么多的煎熬。在生长发育过程中总会遇到各种难题，他却因为缺乏相关知识，给自己造成了那么大的心理压力。这些知识本来应该由父母在日常生活中随时讲给他听，可是你认为孩子总会长高、各种男性特征也会逐渐显露出来。毕竟大多数家长都是这么过来的，并没有谁专门关注或者学习过喉结的发育过程。孩子对生长发育知识了解不深、信息不对等，易造成焦虑情绪。

青春期是孩子性别意识觉醒、寻求身份认同的关键时期，男孩子受雄性激素影响，咽喉部分甲状软骨向前方突出形成一个软骨结构，这就是男性的喉结。男女小时候的甲状软骨都一样，所以儿童时期不管是男孩还是女孩，声音都很清脆稚嫩，很难分清楚性别。随着青春期的到来，男孩的甲状软骨在雄性激素的刺激下会向前突出形成喉结，咽喉前后径会增加将近一倍，发出的声音也会随之变化，从童音变得低沉粗犷，带有明显的男性特征。

长出喉结、声音变粗、身材变得高大，都是生长发育的标志，男孩难免会与同龄人比较身高、喉结、声音等变化，希望能寻找自己和同伴相同的特征，得到一种身份的认同。这种认同感，就是男孩子自信的来源。如果某些生理特征不明显，孩子可能就会产生焦虑情绪，甚至会感到自卑。

父母要尽量找到孩子焦虑的原因，了解他的真实想法。孩子不愿意跟父母聊生长发育的事，除了不好意思，可能还因为你敷衍的态度和漫不经心的说话方式。所以，父母要摆明自己的态度，证明自己确实很想认真地和他说话。

在和孩子说到生长发育的问题时，父母切记，一定不要带有轻视和嘲笑，要让他感受到重视和尊重——

> "我以前太粗心了，一不留神你已经长成一个男子汉了。你都开始长个子了，说明发育正常，不用担心。保持好心情，才能更好地成长。"
>
> "每个人的生长发育速度都不一样，有人发育早些、发育的速度快一些，有人就会稍晚点、慢点，但都会在这几年内发育好，没必要跟别人比较。"
>
> "长出喉结、经历变声期，是每个男孩子都会经历的正常生理过程，你才进入青春期，还可以长得更高、喉结变得更大、声音也会变得很粗很低沉，根本不用担心。"
>
> "你现在比以前高、体重也增加了，声音也和以前不一样，这说明你已经开始生长发育了。你如果还不放心，我可以带你去医院做个全面的体检，听听医生的建议。"

父母是孩子最亲近、最信任的人，父母提供给他的生长发育知识，让他能够正确了解自己；父母的支持，能够帮助他树立健康积极的人生观。有了父母作为后盾，知道了每个人都是这个世界上独一无二的存在，他就不会过分在意与他人的差异，就会保持乐观积极的心态。父母还要让孩子多了解相关知识，让孩子健康成长。

只穿经典黑白灰

现在的孩子发育较早，进入青春期以后就开始长个儿，这一年多身高已经接近 1.8 米。新生入学时有人夸他长得帅，他表面上没说什么，回家后就对着镜子照了半天，还换了两套衣服。

也许就是从那时起，他每天一有空就要照照镜子，还专门跑出去剪了一个帅气的发型，开始注意皮肤清洁和防护，买了洗面奶、防晒霜和其他护肤用品。

他每天在脸上涂涂抹抹，更让你受不了的是，他对穿戴似乎有着一种执念，衣服、鞋子都要挑自己喜欢的买，每天都要花费时间挑选衣服、打理发型，搭配好衣服才肯动身，走之前还要到镜子前再照一下，确认没问题了才肯出门。

晚上做作业的时候，他总时不时在网上和同学聊天，对其他同学评头论足，说谁不会搭配、穿着很老土，谁又看起来赏心悦目。有同学喊他"校草"，说他是"全校最帅男生"。他一边说着"一般一般"，一边琢磨着第二天要穿什么衣服、怎么搭配，最近他的成绩也下滑得非常明显。

你终于忍不住了，决定找他好好聊聊，在看到他又换衣服又照镜子的时候，便开始制止他——

> "别照了，一个男孩子，要多注重内涵，别没事就照镜子！"
>
> "你头发那么短，还弄什么发型？学校又不让留长发，干脆剃寸头算了！"
>
> "别整天抹这个抹那个，你一个男生，居然还用面膜祛斑，真服了你了！"
>
> "行了，别换了，不是黑色就是灰色，在校服里穿哪件衬衫还不都一样！"

在你不停教育的过程中，那个被教育对象仍然站在镜子前照着镜子，漫不经心应答着你的话。听到你的声音在不断拔高，他终于转过身正视你，用一本正经的语气回"怼"你——

> "照镜子就没内涵是什么逻辑？学校有规定，要注重仪容仪表，我要时刻检查自己是不是符合规定。"
>
> "学校太不人性化了，我们才十几岁，不是几十岁！'爱美之心人皆有之'，我好多同学都长到一米八五了，我弄个发型显得高一点，怎么了？"

"谁愿意天天对着一张丑脸啊，对不对？我怕不收拾就出去会吓到别人！虽然我看不到自己的脸，可我得为我的同学们考虑，这是对他人最基本的尊重！"

"我不想天天穿校服，我也有穿衣自由，就换个衬衣怎么了？黑白灰是永不过时的经典款，而且衬得我的脸很白。建议你也多准备几件，你现在的衣服太土了！"

父母一向跟学校同步，对学校和老师的要求也一向奉为圭臬，可听着孩子的话，你居然觉得，好像有那么一点点道理。可他每天都浪费大量时间关注发型、容貌、身材、衣着，脸上有个小痘痘他都会着急，皮肤被晒黑了他也会伤心，有人说他不好看他还会气得不行，这绝对不正常！他这么注重外貌，要怎么引导他，才能让他意识到自己的问题呢？

青春期是对"自我"这个角色认同的重要时期，青春期的孩子对外貌特别敏感，会对自己的身体、外貌、体能有一个基本评价，会跟其他同龄人比较，会对自己在同龄人中的"地位"做一个评估，并在以后的相处中用实践去检验自己的这个"地位评估"是否正确。

他非常渴望得到别人的认同和肯定，受到夸奖多了甚至会有点自负；如果经常接收负面评价就会产生焦虑、自卑情绪。不少青春期孩子都多少会有点容貌焦虑或身材焦虑，很容易自卑。

父母和孩子的成长经历不同、青春期的成长时代和文化背景不同，因而很容易觉得对方是错的，自己才是对的。孩子对父母的指责和误解，更是会分外委屈和愤懑。而要解决这些分歧，关键问题在于，双方都渴望被看到、被理解，不要听都没听对方的想法，就直接站到一个对立面，把双方的关系越推越远。

长得不够帅、身材不够好、衣服鞋帽不够酷炫，对于孩子来说，就是天大的事。他的那些烦恼和痛苦，父母觉得简直不值一提，这就是因为双方的立场不同。

每个人都有自己的立场，站在各自的立场上考虑问题，很容易产生分歧；站在对方立场上互相理解，沟通才会顺畅。父母和孩子的沟通，一定不能在"我对你错"的基础上进行，把孩子当作自己的附属品一样进行批评，是达不到沟通效果的。

父母要保持一种平等的态度，承认双方的认知虽然有差异，但不一定有对错，只是双方理解角度不同，在一些生活细节中对孩子进行肯定和鼓励，孩子才会更加自信，才会愿意跟你沟通交流。

对于孩子重视外表和穿戴这个问题，父母可以跟孩子这样说——

"怪不得人家说'腹有诗书气自华'，我发现你进入中学后，学的东西多了，人也变得更帅了。看来以后你还得走斯文儒雅路线，好好加油！"

"你不能留长发，但可以提升气质。知识渊博的人都有强大的气场，一开口就可以把效果拉满，气场直接飙升到两米八！好好努力，考试完惊艳所有人！"

"其实男孩子还是稍微粗犷点显得更健康、更有力量。人还是要有自己的特点，最重要的是，一定要有内涵，一说话就能让人记住你。"

"我经常开玩笑说'人丑还得多读书'，人的谈吐和气质是掩藏不了的，即便穿最廉价的衣服、最普通的款式，也会显得与众不同。永不过时的不是衣服款式，而是一个人的知识储备。聪明还肯努力的男生才是最帅的，为了理想拼搏的你，在我们眼里最棒！"

　　每个孩子都是独一无二的存在，他在日复一日的成长过程中，会遇到一个又一个问题，会有担忧、焦虑、伤心、难过，这些情绪并不是一朝一夕就能化解的，更不可能在几句话的时间内，就达到父母几十年间的感悟和豁达。父母要直面孩子的各种负面情绪，正因为父母是孩子最亲近、最熟悉的人，他才会在你面前展示他的柔弱和幼稚。父母要理解并接纳孩子的这些不足，不打压、不忽视、不说教、不批判，在稳定的情绪下帮助孩子。

　　父母的情绪稳定了，孩子才可能也跟着情绪稳定。心平气和地好好说话，是帮助孩子解决问题的前提条件，只有在理智冷静的情况下，才能找到真正帮助孩子的方法和力量。

她们咋跟我不一样

孩子的身体在长高，智商却像是停留在小时候，总会提出一些奇奇怪怪的问题，你不回答都不行。特别是开始发育以后，他经常觉得自己没别人长得快，也会感慨自己不够强壮、皮肤太白，不像一个真正的男子汉。还会惊讶男人也会打扮。

最近他又开始围着你转了，根据以往的经验，你知道他又遇到问题了。果然，他看到班里有个女同学来例假把衣服弄脏了，在班里哭了起来。其他女同学都过去安慰那个女孩子，他也因此听到了一个奇怪的称呼——大姨妈。他就不明白了，这有什么值得哭的啊？

他不明白，为什么老师每次上生理卫生课都要把男生和女生分开；他也不明白，女生为什么总会神神秘秘地叫"大姨妈"；他还不明白，为什么女孩子那么娇气，还爱撒娇、爱哭，如果男孩子也爱撒娇、爱哭的话，大家就会笑话他——他有太多不明白的事，像十万个为什么在等你给他答案。

你被这个高高大大的"好奇宝宝"给难住了，不知道该怎么跟他讲这些生理知识。你也突然理解了学校和老师的做法，让老师当着全班一群大小伙子的面讲女孩子的生理发育问题，确实非常尴尬。

最终，你想用"快刀斩乱麻"的方式快速结束这个话题，化解自己的尴尬——

> ""'为什么'，'为什么'，你都多大了，每天还那么多'为什么'！"
>
> "作业写完了吗你就又在这里转来转去？赶紧回屋写作业！"
>
> "你没事老看人家女同学干什么，能不能把精力放到学习上？"
>
> "最近是不是又闯什么祸了？是不是早恋了？那个女孩子是谁？"

你转移话题的行为太过明显，招致他的不满，他毫不掩饰地翻了一个白眼，开始吐槽你——

> "你不是说不懂就问吗？我现在不懂，问你怎么就不行了？"
>
> "作业，又是作业！你一不想回答我的问题就让我去写作业！"
>
> "我什么时候没事老看女生了？我一直挺努力啊，你怎么又开始训我？"
>
> "你从哪里看出我闯祸了？我就问个问题，怎么又扯到早恋了，还给我编出一个女生来，我真服了你了！"

你听着他的吐槽，心里也挺无奈。你经历过的青春期，异性之间是泾渭分明的，因为意识到男女之间的差别，你会跟异性自然而然地保持距离，一接近异性，彼此都会感到不安，因而，异性之间是疏远而陌生的，更不会关注对方生理状况怎么样。这跟现在的孩子是完全不一样的，没有经验的你，怎么跟孩子讲这些让你觉得"难以启齿"的问题呢？

进入青春期以后，由于身体及心理的变化，孩子会对自己和异性的生长发育产生好奇和疑惑。这个时候的孩子对性知识的了解基本上是一片空白，如果父母不能给他答案，他就会自己通过网络等途径去寻找相关知识，甚至可能误入歧途。所以，对青春期孩子的生长发育知识，父母不应该避讳，更不要讳莫如深，而是要给他提供正确的信息和指导，帮他减少困惑和疑虑。父母越是坦然地跟他交流，他就越能感受到尊重和信任，也就能以更好的姿态向父母表现自己的自尊、自信、自爱。

针对青春期怎么也绕不开的生长发育问题，父母不妨跟孩子坦诚地进行沟通，完全不必觉得尴尬，你态度端正，孩子也会有一个端正的态度；你跟孩子好好说话，孩子也就会学习说话的方式，好好跟你交流。

你不妨从"大姨妈"的问题开始，试着说说男孩和女孩的不同——

"老师把男生和女生分开，不是觉得这件事情见不得人，而是因为这涉及隐私，男生更要学会尊重女生的隐私，不在公众场合谈论他人隐私，这是一种绅士风度。"

"从生理结构上来说，男孩子高大健壮，女孩子则比较娇小柔弱。长大以后，女孩子会生儿育女，繁衍后代。男子汉也会承担起更多的社会责任，包括保护女孩子、对她们保持足够的尊重。"

"女性最伟大之处就是孕育新生命，宝宝出生前住的'宫殿'就叫'子宫'。为了让这个'宫殿'足够安全、足够清洁，'子宫'内膜每月都会增厚一次，也会有一些细胞组织脱落下来被排出体外，这就是女孩子每月一次的'例假'，也就是你听到的'大姨妈'。"

"女孩子每个月都要忍受'例假'的折磨。在这期间，她们不能吃冰冷的东西，还不能太累，要多休息。作为男生，这个时候你就要学会体谅她们，多帮助她们。说到'大姨妈'这个称呼的由来，在我给你买的书里还有个故事，你可以自己看一看，了解一下……"

在青春期这个特殊的阶段，孩子最需要的就是父母给予的关心和鼓励。父母要大大方方地跟他聊这方面的知识，你的态度决定了孩子的态度，你给他提供的生长发育知识，可以帮他树立正确的思想观念，让他更加自信、健康地度过青春期。

内裤上的秘密

自家孩子最近的行为有点不对劲——他原本一到周末就会赖床，脏衣服更是从来都不会主动洗，可是最近，他突然变勤快了，每天都起来得很早，一起床就躲到卫生间去洗衣服，你要帮忙他还不让。

不但如此，他还鬼鬼祟祟躲在卫生间里打电话，用很小的声音和要好的同学聊天。你开玩笑说他们男孩子都这么大了，居然还会讲悄悄话，他就会很窘迫，还会肉眼可见地脸红。

这是什么情况？你开始留心他的举动，发现他有时候会遮遮掩掩地在网上搜资料，但不等你仔细查看网页内容，他就手忙脚乱地关了电脑，甚至连浏览记录都清除了。周末的时候，他还会约同学去图书馆看书，经常带回一些报纸、杂志或图书，然后再反锁房门。

他洗衣服的频率越来越高，甚至连被褥都想拆洗，还总是把自己关进房间里。到底出了什么事，能让这个一向大大咧咧的男孩子变得心事重重、精神恍惚，还改变了原来的一些习惯？

你觉得很有必要跟他好好聊聊了。于是，你郑重其事地叫他过来，

153

严肃地跟他聊起你最近的发现——

> "你最近是不是又犯什么错误了，整天像丢了魂一样，是被老师训了还是考试没考好？"
>
> "每天神神秘秘地搞什么？别以为我没看到你每天偷偷上网，是不是又在约同学一起打游戏？"
>
> "能不能把精力放到学习上？把电脑打开，把那些杂志拿出来，你又在背着我搞什么奇奇怪怪的东西？"
>
> "我警告你啊，绝对不能早恋，别整天又是换衣服又是打扮的，把那些乱七八糟的心思都收起来，好好学习！"

他低着头安安静静地听着你的教训，整个人一副蔫头耷脑的样子，听到你用很严厉的语气警告他时，他抬起头，红着眼圈把杂志扔到你面前，哑着嗓子有气无力地回答了你的问题——

> "我没犯错，也没挨训，我只是怀疑自己生病了，有点害怕。"
>
> "我上网是在查信息，没玩游戏，信不信随便你。我觉得自己身体不正常，查资料又查不出来，烦死了！"
>
> "每次都是这样，不管我说什么你都会怀疑，总让我学习！学习！给你！看吧看吧！'每天早上尿床怎么办'，这就是我要查的资料！"
>
> "不知道你们在瞎琢磨什么，我内裤每天都会脏，我洗内裤你就怀疑我早恋。我最近好像是尿床了，我正烦着，拜托你不要想些乱七八糟的好吗？！"

听着他的回答，你突然意识到，父母的想法不一定就是对的。一直以来，你都是只关心他的学习，却没跟他好好聊过他的生长发育情况。

你一直以为，孩子总会慢慢长大，好多事情自然而然地也就都会明白了，可是你忘记了，知识的理解和接受是需要一个过程的。在这个过程中，如果没有父母的教育和引导，孩子就会走很多弯路，对自己的发育情况出现理解偏差。

青春期对父母和孩子来说，都是一个特殊的年龄阶段。在此期间，因为生理和心理变化很大，不少孩子会被性发育问题困扰，变得心事重重、精神恍惚，甚至造成学习成绩下降。

受生长发育的影响，孩子会对自己的身体变化非常敏感。他可能会尝试从各种途径了解，行为也会变得神秘起来。从网络等途径接触到的信息真假参半，还有待甄别，甚至会产生误导，让孩子更加困惑和焦虑。

作为父母，你有责任给孩子提供正确的信息和指导，帮助他们全面了解自己的身体变化和相关的性知识，减少孩子无谓的焦虑。

男孩子的身体发育情况，最好由家庭中的男性长辈来跟他讲解，父亲在这个时期的重要性是不可替代的。

向青春期的孩子讲解身体发育问题，是父母必须面对的一个课题。在家庭教育中，孩子的性教育是不可缺失的重要一环。

许多孩子不喜欢跟父母聊天，就是因为父母的态度或者语气，让他感觉到嘲讽和压力。所以在跟孩子交流的过程中，特别是在说到跟生长发育相关的问题时，父母要轻松坦诚地和孩子进行沟通。

比如对孩子关注自己的身体变化，你可以这样跟他说——

"我有必要纠正一下你的看法：你不是得了病，而是进入了青春期，正式加入了男子汉的行列。祝贺你长大啦！"

"你找的这些资料不够全面，有些甚至是错误的。我陪你去买一些有用的书，你想知道的事情，书上都有。"

"从现在开始，你已经是一个大男人了，你不是尿床，而是'遗精'，是正常的现象。你要做好身体的清洁卫生，保护好自己。有些身体部位不能随便让别人触碰，也不能随便触碰别人，否则就是'性骚扰'。"

"大男人就要知道哪些事情能做、哪些事情不能做，要注意分寸、言行，以及跟异性交往的原则和注意事项，有些事情，做了可能就是犯罪，你还得学会用法律来保护自己、保护别人。这些知识我给你买的书上都有，你也可以随时跟我聊……"

在家庭教育中，性教育常常会成为被父母忽视的一个环节。处于青春期、正在发育阶段的孩子总会遇到各种困扰，他想知道该怎么做却无人可问，只能把这些"小秘密"深深地藏在心底。这个时候，作为同性的父母，就要选择合适的时机，坦诚地告诉他各种"成长的秘密"，帮他树立正确的两性观念，让他心头的疑惑得到解答，焦虑的心理得到安抚，成长的过程得到尊重。

父母要让孩子知道，在他的成长过程中，不管遇到什么问题，都可以随时来向你咨询求助，你会帮他答疑解惑，即使遇到你不懂的，也会跟他一起学习，陪伴他健康成长。